Für Alina
Für Isabel und Laura

Stefan Kindermann

SCHACH!
Für junge Einsteiger

Mit Illustrationen von
Anne Franke

KNESEBECK

Inhaltsverzeichnis

1	Willkommen!	4
2	Die Notation	14
3	Der König	20
4	Der Bauer	23
5	Der Läufer	25
6	Der Springer	29
7	Der Turm	32
8	Die Dame	36
9	Schach und Schachmatt	39
10	Das Geheimnis des Bauern	42
11	Die grosse Schlacht	48
12	Anhang	72

1. Willkommen!

Endlich bist du da, komm schnell zu uns!

Es droht große Gefahr!

Wir haben unsere geliebte Königin,

meine Gemahlin, verloren.

Und was noch schlimmer ist:

Der Spieler, der uns führte und ins

Verderben stürzte,

hat uns einfach verlassen!

Ja, jetzt brauche ich dich, nur du kannst uns anführen und das weiße Reich retten. Meine Untertanen haben mich schutzlos zurückgelassen, nur dieser treue Bauer ist noch bei mir geblieben. Aber entschuldige, vor Kummer und Aufregung vergesse ich gar, mich vorzustellen: Ich bin der Herrscher im weißen Reich, du sprichst mit Seiner Majestät, dem weißen König höchstpersönlich. Willkommen in der Welt des Schachs! Seit mehr als eineinhalb Jahrtausenden tobt bei uns auf 64 quadratischen Feldern der edle

Kampf zwischen Weiß und Schwarz. Jede Seite hat ihren Anführer. Er wird *Spieler* genannt und entstammt wie du der Menschenwelt. Diese Spieler führen uns Schachfiguren. Ihr Mut und ihre Klugheit sind es, die über unser Schicksal und den Ausgang des Spiels entscheiden. Glaube mir: Nach so vielen Jahrhunderten kenne ich euch Menschen besser, als ihr es euch vorstellen könnt.

Ich spüre, ob ihr zu ängstlich seid oder zu tollkühn. Doch wie schön ist es, von einem Könner geführt zu werden! Entschlossen nimmt er uns in die Hand. Und wenn der Meister eine Figur des Gegners schlägt, so ist es, als ob ein Raubvogel zustößt – eine blitzschnelle Bewegung, eine Drehung der Hand, schon ist die feindliche Schachfigur vom Brett verschwunden und eine der unse-

ren steht an ihrer Stelle. In dir spüre ich etwas von dieser Kraft! Folge mir jetzt auf eine Reise durch unsere Welt und lerne die Wesen kennen, die sie bevölkern. Ich will dein Lehrer sein, sei du unser Anführer! Am Anfang jedes Spiels stehen sich die beiden Heere, das weiße und das schwarze, in genau derselben Aufstellung gegenüber. Gleich zeige ich dir auf einem *Schachdiagramm*, wie das aussieht. Jede der Figuren kannst du darauf gut erkennen. Ein Feldherr braucht Überblick!

Am vorderen Rand, in der ersten Reihe im weißen Lager, stehen am Anfang einer Schachpartie alle wichtigen Figuren: Links außen der mächtige Turm, daneben der wendige Springer, dann der schnelle Läufer, rechts von ihm siehst du die Königin, die unter allen Figuren über die größte Macht verfügt. Man sagt auch einfach *Dame* zu ihr. Dicht neben mir wartet sie auf ihren Einsatz. Am Anfang ist sie ihrer Farbe treu ergeben, zu Beginn einer Partie steht sie immer auf einem weißen, die schwarze Königin oder Dame auf einem schwarzen Feld. Rechts daneben stehe ich selbst am Anfang jeder Partie. Der König ist im Schach die entscheidende Figur! Das Ziel einer Schachpartie ist es, den König der anderen Seite gefangen zu nehmen, wir nennen das *den König matt setzen*! Man sagt, dass das Wort *Schachmatt* aus dem alten Persien kommt, wo *Schah matt* »der König ist tot« bedeutete. Mich schaudert, wenn ich nur daran denke. »Schach!«, sagt man, wenn der König angegriffen wird. Steht der eigene König im Schach, muss man ihn schützen.

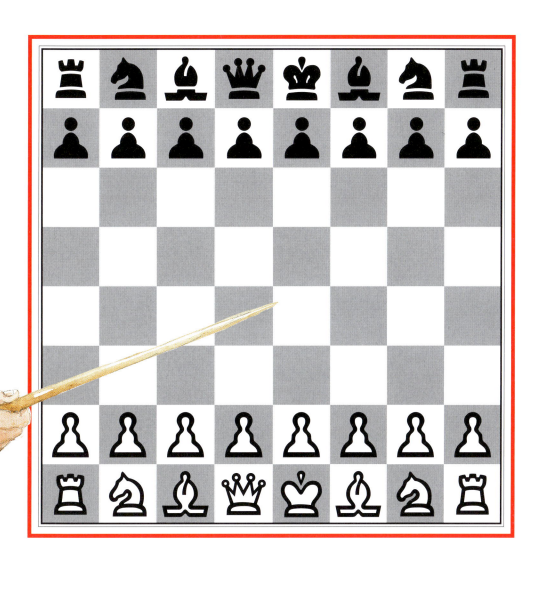

Der König ist im Schach die entscheidende Figur. Das Ziel einer Schachpartie ist es, den König der anderen Seite matt zu setzen.

Beide Heere haben also die Aufgabe, einerseits den eigenen König zu schützen und andererseits zu versuchen, den König des Gegners matt zu setzen. Wenn einer der beiden Könige so in Bedrängnis geraten ist, dass er nicht mehr gerettet werden kann, ist die Partie für die andere Seite gewonnen, und ein neues Spiel kann beginnen. Manchmal kommt es auch vor, dass niemand gewinnen kann, das nennt man dann *Unentschieden* oder *Remis*. Aber jetzt fahre ich fort, dir die Aufstellung der Figuren am Anfang zu erklären: Rechts neben mir steht der zweite Läufer, dann der zweite Springer und ganz rechts der zweite Turm. Vor uns siehst du unser Fußvolk, die Bauern. Genau acht von ihnen stehen auf der zweiten Reihe, einen von ihnen hast du ja schon kennen gelernt, meinen kleinen Bauern hier.

Auf dem Schachbrett hat also am Anfang jede Seite 16 Figuren zur Verfügung, acht von ihnen sind Bauern. Vor den Bauern befinden sich vier leere Reihen und dahinter das schwarze Heer, dessen Anblick für das weiße Heer ist, als würde es in einen dunklen Spiegel blicken. Die Figuren beider Seiten sind also genau gleich aufgestellt und haben daher genau die gleichen Möglichkeiten zu gewinnen. Am Ende siegt das Heer, das von dem besseren Spieler geführt wird. Den ersten Zug einer Schachpartie hat stets Weiß, so wollen es die uralten Regeln. Dann ist Schwarz an der Reihe.

Aber wann und von wem ist das Schachspiel eigentlich erfunden worden? Das ist nicht leicht zu beantworten. Einige glaubten, die alten Ägypter seien es gewesen. Andere behaupteten, ein Grieche wie der listenreiche Odysseus hätte sich das Schachspiel während der jahrzehntelangen Belagerung Trojas ausgedacht, um die Langeweile zu bezwingen. Erst

heute weiß man, dass es einem ganz anderen Land entstammt. Vor ungefähr 1500 Jahren ist die erste Schachpartie im Norden Indiens gespielt worden. Natürlich waren die Regeln damals noch nicht ganz die gleichen wie heute. Das Spiel hatte man nach dem Vorbild des alten indischen Heeres geschaffen. Dieses bestand aus vier Kampfeinheiten und hieß *Tschaturanga*, was so viel wie »das Viergeteilte« bedeutet. *Tschaturanga* wurde dann auch der Name des alten indischen Schachspiels. Und wenn du die Figuren am Anfang einer Partie so aufstellst, wie ich es dir gezeigt habe, dann siehst du vor dir immer noch die alte indische Schlachtordnung vor Beginn eines Kampfes. Seltsame Geschichten ranken sich um den Erfinder des Schachs, zwei von ihnen will ich dir erzählen: Die erste berichtet von drei großen Weisen im alten Indien. Einer von ihnen glaubte, dass der Lauf der Welt und das Leben der Menschen nur von Glück und Zufall bestimmt werden – er schuf das Würfel- und das Kartenspiel. Der zweite der Weisen erklärte, dass sowohl Vernunft als auch Zufall eine Rolle spielen – er dachte sich das Backgammon aus, bei dem sowohl Würfelglück als auch Taktik entscheiden. Der dritte der Weisen aber verkündete, dass der Mensch sein Leben mit dem Verstand lenken kann – das war der Erfinder des Schachspiels. So großartig das Spiel des dritten Weisen auch ist, in einem Punkt hat er sich jedoch geirrt: Jeder gute Spieler weiß, dass es im Schach oft schwierige Situationen gibt, aus denen der Verstand allein keinen Ausweg weiß – dann muss man seinem Gefühl vertrauen – das ist genau so wie in eurem Menschenleben. Der Spieler entscheidet selbstständig über seinen nächsten Zug, danach muss er mit dessen Folgen leben. Ob der Zug nun gut oder schlecht war, die Aufgabe des Spielers ist es stets, das Beste aus seiner Lage zu machen, ohne über einen Fehler zu klagen. In einer Schachpartie darf kein Zug zurückgenommen werden, so wollen es die Regeln.

Noch eine andere Geschichte wird seit Jahrhunderten erzählt: Der Erfinder des Schachs brachte das Spiel einem großen indischen König als Geschenk mit. Der König war begeistert und wollte den Erfinder reich beschenken. »Was wünschst du dir?«, fragte er. Der kluge Erfinder antwortete: »Gib mir einfach ein Weizenkorn auf das erste Feld des Schachbretts, zwei Weizenkörner auf das zweite Feld, vier Körner auf das dritte, acht auf das vierte Feld und so fort. Immer die doppelte Menge auf das nächste Feld, bis auch das 64. und letzte Feld bedeckt ist.«

Zunächst war der König zornig über diesen scheinbar bescheidenen Vorschlag. Als jedoch seine Ratgeber ausrechneten, wie viele Weizenkörner notwendig wären, um den Wunsch zu erfüllen, wurde er blass: Am Ende ergibt sich durch die 63-fache Verdopplung eine unvorstellbare Menge an Weizenkörnern: Sie würde ganz Europa und Teile von Afrika bedecken!

Der Erfinder des Schachspiels mag ein weiser Brahmane gewesen sein, also ein Angehöriger der indischen Priesterkaste, der auch im Kampf der engste Berater des Königs war. Ihm wirst du auf dem Schachbrett begegnen …

Nimm nun selbst ein Schachbrett zur Hand und stelle die Figuren auf. Für den Anfang solltest du eins mit Koordinaten (das sind die Buchstaben und Zahlen am Rand) nehmen. Durch Koordinaten kann jedes Feld und jeder Zug auf dem Schachbrett genau bezeichnet werden. Auf den Schachdiagrammen im Buch kannst du das gut sehen.

Wenn dein Schachbrett keine Koordinaten hat, kannst du die Buchstaben und Zahlen auch selber an den Rand schreiben. Das rechte untere Eckfeld muss immer weiß sein und die Koordinaten **h1** besitzen. Das solltest du stets prüfen, bevor du zu spielen anfängst.

Gezogen wird immer abwechselnd. Wer am Zug ist, darf eine seiner Figuren bewegen, danach ist die andere Seite an der Reihe. Wie du schon weißt, hat am Anfang der Partie der Spieler der weißen Seite den ersten Zug.

2. Die Notation

Wenn du nun die Schachdiagramme auf der nächsten Seite ansiehst, achte auf die Koordinaten am Rand. Von links nach rechts geht es von **a** bis **h**, von unten nach oben findest du die Zahlen **1** bis **8**. Das ist wie auf einem Stadtplan aus eurer Menschenwelt. Mit Hilfe der Koordinaten kannst du jedes Feld bezeichnen und auch jeden Zug notieren! Genau so, wie ein Komponist sein Musikstück mit Hilfe von Noten aufschreibt, kann jeder Schachspieler seine Partie zu Papier bringen. So können wir heute noch Partien nachspielen, die ein großer Meister vor vielen hundert Jahren gespielt hat, und uns an seinen genialen Zügen erfreuen. Und wenn du selbst eine gute Partie gespielt hast und die Züge aufschreibst, werden später einmal deine Enkel sehen, wie schlau du warst! Diese Mitschrift der Partie nennt man *Notation*. Sieh auf das Diagramm auf der nächsten Seite und stell dir vor, dass der weiße Bauer zwei Schritte nach vorne geht – wie würdest du diesen Zug aufschreiben? Zuerst schaust du auf das Feld, auf dem die Figur, die zieht, ursprünglich gestanden hat: Welcher Buchstabe steht auf der Linie dieser Figur? Genau: **d**! Dann schaust du, welche

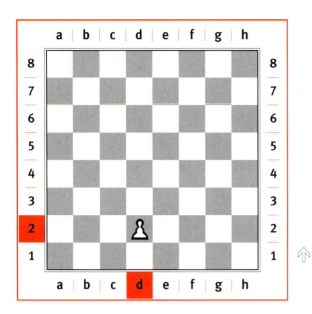 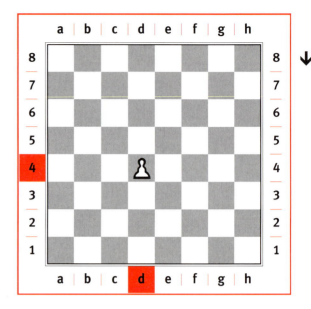

Zahl auf der Höhe der Figur zu finden ist. Die **2**! Also schreibst du zuerst **d2**. So weiß jeder andere Schachspieler, dass es um eine Figur geht, die auf **d2** steht. Danach siehst du dir das Feld an, auf das der Bauer gegangen ist: Der Buchstabe ist dort auch **d**, aber die Zahl ist eine andere: **4**. Also heißt das Feld, auf dem der Bauer nun steht, **d4**. Wenn du jetzt **d2–d4** schreibst, weiß jeder, dass eine Figur vom Feld **d2** nach **d4** gegangen ist. Ein **B** für **Bauer** wird heute nicht mehr dazugeschrieben. Wenn also keine Figurenbenennung dabei ist, handelt es sich immer um einen Bauern. Wenn aber eine andere Figur gezogen hat, kürzt man sie mit ihrem Anfangsbuchstaben ab: **D = Dame, T = Turm, K = König, L = Läufer, S = Springer**. Man schreibt bei einer Schachpartie abwechselnd den weißen und den schwarzen Zug auf. Steht rechts neben dem Diagramm ein weißer Pfeil, so ist der Weiße am Zug. Ein schwarzer Pfeil bedeutet, dass der Schwarze ziehen darf. Wenn eine Figur eine andere Figur schlägt, wird

> Steht rechts neben dem Diagramm ein weißer Pfeil, so ist der Weiße am Zug. Ein schwarzer Pfeil bedeutet, dass der Schwarze ziehen darf.

das in der Schachnotation mit einem Malzeichen (×) oder einem Doppelpunkt (:) dargestellt. Folgt aus einem Zug, dass der gegnerische König angegriffen wird, so schreibt man ein Pluszeichen (+).

Wir sind mitten in der Partie, die Lage ist schwierig. Wir brauchen einen guten Spieler, der uns führen kann, sonst gibt es keine Hoffnung mehr! Nachdem wir unsere Dame verloren haben, wissen wir nicht, wie

Rätsel 1

Schau dir zuerst das linke, dann das rechte Diagramm an. Welchen Zug hat Weiß ausgeführt? Nur einer der drei Vorschläge ist richtig: f2–f4, a2–a4 oder a2–a3.

Lösung auf Seite 77

DIE NOTATION | 17

wir uns gegen das schwarze Heer verteidigen sollen. Denn der schwarze König besitzt noch seine mächtige Dame und hetzt sie zu Schreckenstaten auf! Er hat die uralten Gesetze gebrochen und führt seine Figuren ohne Spieler selbst in den Kampf. Mein kleiner Bauer hier zittert vor Angst wie Espenlaub. Ich? Mich fröstelt nur ein wenig. Ein König fürchtet sich nicht! He, Bauer, was weinst du um deine Freunde? Sei tapfer! Du weißt doch, dass niemand wirklich sterben kann, im nächsten Spiel sind alle wieder lebendig. Mach deinem König Ehre und reiß dich zusammen!

3. Der König

So zieht der König

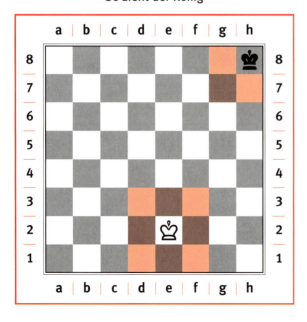

Du musst erst einmal genau wissen, welche Fähigkeiten wir überhaupt haben. Zuallererst zu meiner Person: Als König darf ich natürlich in jede Richtung gehen, in die ich will: geradeaus, rückwärts, zur Seite und auch schräg nach vorn oder hinten. Ich darf jedes Feld betreten, das an das angrenzt, auf dem ich gerade stehe. Aber für eine Majestät geziemt sich weder Hast noch Eile, darum gehe ich bei jedem Zug nur genau ein Feld weit – so komme ich nicht außer Atem wie das gemeine Volk. Natürlich kann ich auch kämpfen, ich bin ja kein Feigling! Im alten Indien gehörte der König stets der Kriegerkaste an und war selbst oberster Feldherr. In einem prächtigen, von mehreren Rossen gezogenen Streitwagen fuhr er in die Schlacht und befehligte sein Heer.

Im Schach komme ich hinter meiner Deckung hervor und werde selbst zum gewaltigen Kämpfer, wenn nur noch wenige Figuren auf dem Brett sind – bei uns heißt das *Endspiel*. Denn dann droht mir kaum noch Gefahr, oft entscheide ich am Ende die Partie fast im Alleingang.

Am Anfang aber, wenn sich noch viele Figuren auf dem Spielfeld befinden, muss ich unbedingt geschützt werden wie dein wichtigster Besitz! Am wohlsten fühle ich mich dann, wenn ich mich hinter meinen Bauern verschanzen kann. Weil am Anfang eines Spiels meistens die Bauern in der Mitte gezogen werden und ich es gar nicht schätze, wenn meine Leibgarde verschwindet, wurde in Europa während der Zeit der Renaissance (also etwa im 15. Jahrhundert) ein besonderer Zug für meine persönliche Sicherheit erfunden: die *Rochade*. Das ist der einzige Zug

Rätsel 2

Stelle den weißen König auf das Feld a1 in der linken unteren Ecke. Führe ihn von dort aus zu den Orten a8, h8 und h1. Zähle jeweils die Anzahl der Züge. Welche ist die jeweils kürzeste Reiseroute?

Lösung auf Seite 77

im Schach, bei dem zwei Figuren auf einmal bewegt werden dürfen. Bei der Rochade rückt einer meiner Türme ganz dicht an mich heran, und ich mache einen Bocksprung über ihn. Dadurch bin ich besser geschützt, und der Turm kann gleich in den Kampf eingreifen.

Ich schlage genau so, wie ich ziehe. Wenn auf dem Feld, das ich betrete, eine gegnerische Figur steht, so hat ihr letztes Stündlein geschlagen. Sie verschwindet vom Brett, und ich trete an ihre Stelle. Aber auch für einen König gibt es Regeln und Einschränkungen, an die er sich halten muss: Weil ich die wichtigste Figur bin, darf ich niemals auf

Rätsel 3

Welche schwarzen Figuren dürfte der weiße König im nächsten Zug schlagen?

Lösung auf Seite 77

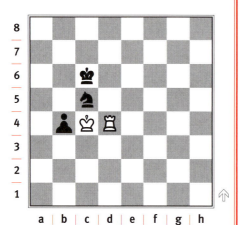

ein Feld gehen, auf dem ich von einer gegnerischen Figur geschlagen werden könnte. Da das ja auch für den gegnerischen König gilt, können wir Könige uns niemals ganz nahe kommen, ein Feld muss mindestens zwischen uns liegen. Ich darf also auch keine schwarze Figur schlagen, wenn ich daraufhin im nächsten Zug von einer anderen schwarzen Figur geschlagen werden könnte! Man sagt dann, dass die zweite schwarze Figur die erste schwarze Figur *schützt*.

4. Der Bauer

So, kleiner Mann, jetzt erzähl du mal unserem künftigen Anführer, was du alles kannst. Du musst verzeihen, werter Spieler, er ist ja bloß ein schlichter Bauer und kann nicht so brillant reden wie ich.

Also ich, äh, der Bauer, so erzählen und über mich quatschen, das kann ich nicht so. Also, äh, wenn's losgeht, also am Anfang des Spiels, gibt's auf jeder Seite acht von uns. Normalerweise lauf ich immer gerade nach vorn, nicht zur Seite und niemals zurück. Wir Bauern dürfen eben nicht davonlaufen, die da oben im alten indischen Heer fanden es wohl nicht so toll, wenn die einfachen Soldaten einfach abhauten. Wenn du einen von uns ziehen willst, musst du es dir deshalb besonders gut überlegen. Na ja, und sehr schnell sind wir auch nicht, bei jedem Schritt dürfen wir nur gerade ein Feld nach vorn gehen, bloß bei unserem allerersten Zug ist das anders. Da können wir mal richtig loslegen und gleich zwei Felder gerade nach vorn rasen. Aber wenn unser Spieler es will, dann gehen wir auch am Anfang nur ein Feld weit. Hm, und dann ist da noch 'ne Sache, die bei uns anders ist als bei den anderen Figuren. Wir schlagen nämlich nicht so, wie wir ziehen: Schlagen dürfen wir nur schräg nach vorn, wenn dort eine gegnerische Figur steht. Die fliegt dann raus, und wir stapfen auf ihren Platz. So kannst du dir das leicht merken: Beim Ziehen wechseln wir immer die Farbe des Feldes (außer beim Doppelschritt), aber beim

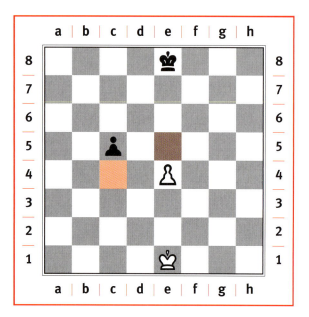
So zieht der Bauer

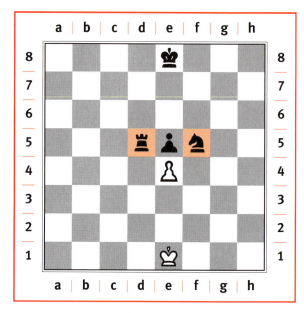
So schlägt der Bauer

Schlagen bleiben wir auf derselben Feldfarbe. Wenn dagegen eine feindliche oder eine eigene Figur direkt vor uns steht und es auf der Seite nichts zu schlagen gibt, können wir leider nur warten und in die Luft gucken. Und dann, äh, also etwas gibt's da noch, auf das wir mächtig stolz sind. Psst, komm mal ein bisschen näher, das ist so 'ne Art Geheimnis, das sag ich nicht jedem, aber dir würd ich's echt verraten. Also es gibt da ein Ding nämlich … äh … ich kann nämlich …

Rätsel 4

Wie viele und welche Zugmöglichkeiten haben die beiden weißen und der schwarze Bauer?

Lösung auf Seite 77

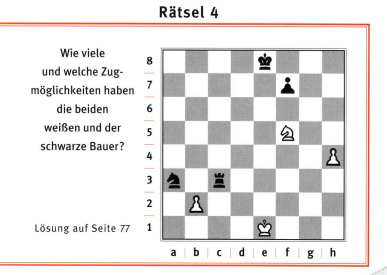

5. Der Läufer

Melde mich zur Stelle! Hört mich an, mein König. Ich bringe schlechte Kunde von der Front. Auf unserem linken Flügel sind noch zwei unserer Bauern geschlagen worden, die Not ist groß! Was Eure Befehle betrifft, will ich Euch die Wahrheit sagen: Eure Untertanen gehorchen Euch nicht. Denn Ihr dürft Eure Figuren gar nicht führen, ohne Spieler geht es nicht! Ich erwäge sogar eine Klage gegen Euch wegen Amtsanmaßung nach § 64 der Weltschachordnung. Mein König, wir brauchen ganz dringend einen neuen Spieler! Oh, wer bist denn du? Kein Zweifel ... unsere Rettung! Erlaube, dass ich mich vorstelle: Ich bin der Läufer. So heiße ich bei uns,

So zieht der Läufer

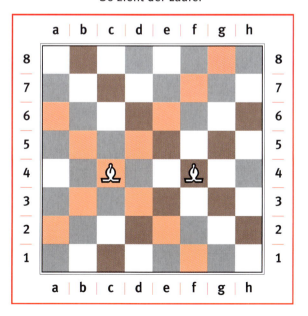

weil ich so schnell über das ganze Brett laufen kann. Seltsam dabei ist aber, dass ich in anderen Ländern ganz andere Namen habe: In Frankreich nennen sie mich *fou*, das bedeutet »Narr«! In England heiße ich *bishop*, also »Bischof«. Und in Russland ruft man mich *slon*, »Elefant«! Ist das nicht komisch? Das kommt daher: Im alten Indien waren die verschiedenen Schachfiguren noch klar als Teile des Heeres zu erkennen. Ich selbst stand für die Macht der Kampfelefanten. Als aber das Schachspiel Europa erreichte, war das Wissen um meine alte Bedeutung offenbar verloren gegangen, und jede Nation benannte mich auf ihre Weise. Die Russen haben völlig Recht gehabt, doch um gute Ideen waren auch die anderen Völker nicht verlegen. Im deutschen Sprachraum hatte man meine Fähigkeiten im Blick, die Engländer hielten meine Kopfbede-

Rätsel 5

Welche Zug- und Schlagmöglichkeiten hat der Läufer in dieser Stellung?

Lösung auf Seite 77

Rätsel 6

Hier ist Schwarz am Zug. Welche Möglichkeiten hat der Läufer, um den weißen König anzugreifen?

Lösung auf Seite 78

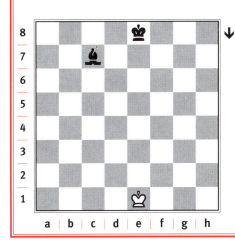

ckung für eine Bischofsmütze, die Franzosen aber für eine Narrenkappe. Der König wird ungeduldig … ich verrate dir trotzdem noch kurz, was ich kann: Wie gesagt, ich bin schnell. Ich kann in einem einzigen Zug von einer Ecke des Bretts in die andere flitzen! Wenn der Spieler will, gehe ich aber auch nur ein einziges Feld. Steht jedoch eine eigene Figur auf meiner Bahn, muss ich vor ihr Halt machen, eine schwarze Figur darf ich schlagen, aber nicht überspringen. Dabei laufe ich immer schräg, niemals gerade. Warum ich nur diagonal ziehe? Weil man früher die Kampfelefanten am besten gegen eine gerade feindliche Heereslinie einsetzte, indem man sie schräg über das Schlachtfeld trieb, so zerstörten sie die ganze Aufstellung und brachten das feindliche Heer auf breiter Front ins Wanken. Hätte man sie nach vorn trampeln lassen, wäre der Gegner einfach ausgewichen, und nichts wäre gewonnen gewesen. Auf dem Schachbrett fühle ich mich nur auf meiner eigenen Farbe wohl. Niemals würde ich daran denken, ein weißes Feld zu betreten. Mein Zwillingsbruder, der zweite weiße Läufer, ist da anders: Er liebt nur die weißen Felder und würde niemals auf ein schwarzes gehen. Das ist sehr praktisch, so kommen wir

> Wenn wir zwei Läufer zusammenarbeiten, sind wir besonders stark. Gute Spieler haben dann große Achtung vor uns und nennen uns »das Läuferpaar«!

uns nie ins Gehege. Bei den Schwarzen ist es natürlich genauso, auch dort gibt es einen Läufer, der die weißen und einen, der die schwarzen Felder bevorzugt, und beide bleiben ihr Leben lang ihrer Farbe treu. Wenn wir zwei Läufer zusammenarbeiten, sind wir besonders stark. Gute Spieler haben dann große Achtung vor uns und nennen uns *das Läuferpaar*! Wusstest du übrigens, dass das Schachspiel im Mittelalter zu den wichtigsten Beschäftigungen am Hof gehörte, ebenso wie Reiten, Fechten und Jagen? Sowohl Ritter als auch Burgfräulein oder Hofdamen beherrschten unser Spiel, es galt als besonders edler Zeitvertreib. Horch – was ist das? – klingt wie wildes Schnauben und Wiehern – ah, es ist einer unserer Springer, da kommt er im Galopp.

6. Der Springer

Aus vorderster Linie komm ich geritten, habe mit schwarzen Feinden gestritten. Der Mut ist schwach, doch groß die Not, uns naht schon bald der schwarze Tod! Alles rennet, rettet, flieht, niemand eine Hoffnung sieht. Drei schwarze Bauern hab ich übersprungen, davor mit einem Turm gerungen. Zu stark die schwarze Herrscherin, wo ist nur unsre Königin? Nur sie könnte den Kampf jetzt wagen, selbst ich bin fast schon am Verzagen.

So eine Nervensäge! Selbst in größter Bedrängnis verschont er uns nicht mit seinen albernen Reimen! Nun ja, er steht auch nur für die indische Reiterei, was ist das schon im Vergleich zu einem Kampfelefanten? Sicherlich hat er noch nicht einmal von unserem neuen Spieler gehört.

Oh, glaube mir, du Trampeltier, die Nachricht von dem Wunderkind tat mir schon lange kund der Wind! Ein neuer Spieler ist gekürt, der bald schon in den Kampf uns führt. Jedoch zuerst erzähl ich ihm von mir, dem wilden Springertier: Gerade Züge mag ich nicht, die stehen

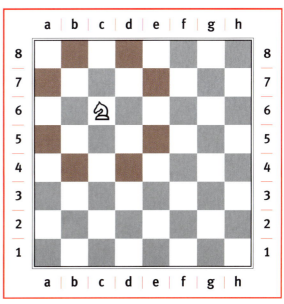

So zieht der Springer

Rätsel 7

Wie viele Zugmöglichkeiten haben die beiden schwarzen Springer jeweils?

Lösung auf Seite 78

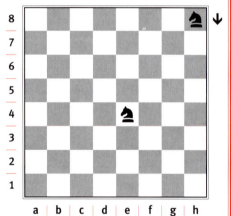

Rätsel 8

Welche Figuren könnte der weiße Springer im nächsten Zug schlagen? Auf welche Weise könnte der Springer dem schwarzen König Schach bieten? Was wäre der beste Zug?

Lösung auf Seite 78

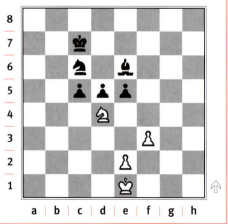

schlecht mir zu Gesicht. Zwei Felder gerade und noch eins im rechten Winkel dann zur Seite, das ist die Art, wie ich stets reite. Willst du es lernen richtig schnell, sieh meinen Zug als großes L. Immer wechsle ich die Farbe, auf dass ich nicht aus Stumpfsinn darbe. Ich springe über jeden Mann, kein andrer dies im Schachspiel kann! Kein Hindernis gibt es für mich, das macht mich wahrlich fürchterlich. Will der Gegner Bauern naschen, kann ich ihn schrecklich überraschen. Es wird dir viele Siege schenken, kannst du erst mal den Springer lenken! Wir Springer lieben sehr die Mitte, von dort aus gibt es viele Ritte. Auch sonst, im Zentrum liegt die Kraft, wer das begreift, hat viel geschafft.

Ich kann diese blöde Reimerei nicht mehr hören, dieser Springer redet genauso geschraubt, wie er hüpft. Frag den Naseweis doch mal, wie es ihm in der Ecke des Brettes ergeht! Auf dem Diagramm hast du ja gerade gesehen, wie kleinlaut er dort wird.

Oh, glaube nur nicht diesen Quark, ich komme langsam, aber stark! Versuche gleich dich mal als Reiter, dann sind wir schon ein Stückchen weiter. Der Läufer ist ein wenig stur, kennt er doch eine Farbe nur. Die Langeweile ist sein Los, wie schafft er solch ein Leben bloß? Er neidet uns den freien Geist, ein jedes Feld hab ich bereist.

Hör nicht auf diesen lahmen Gaul – unsere Art zu ziehen soll langweilig sein? So ein Unsinn, kann es denn Schöneres geben, als auf der Diagonalen der eigenen Farbe blitzschnell über das Brett zu gleiten? Ich kann in irgendeiner Ecke des Schachbretts stehen, wenn ich am anderen Ende gebraucht werde, schwupp bin ich dort, das dauert nur einen Zug!

Des Läufers Kraft ist schnell verraucht, wird auf der andren Farbe er gebraucht. Egal, was dieser Schwächling spricht, das halbe Schachbrett kennt er nicht! Die nächste Stellung zeigt es gut, das ist ein Scherz, hab guten Mut: Und geht es oft nicht auf die Schnelle, am Ende bin ich stets zur Stelle!

Rätsel 9

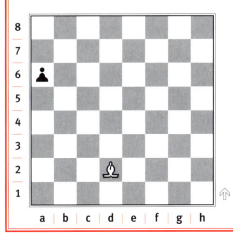

Wie viele Züge benötigt der weiße Läufer, um den schwarzen Bauern auf a6 zu schlagen, wenn dieser sich nicht vom Fleck rührt?

Lösung auf Seite 78

Führ den Springer in die Mitte,
er braucht Raum für seine Ritte.
Springer am Rand ist eine Schand!

DER SPRINGER | 31

7. Der Turm

So zieht der Turm

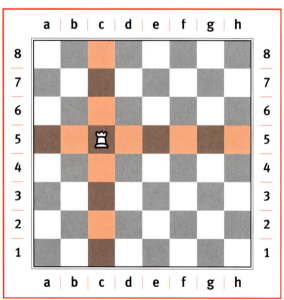

Ihr eitlen Schwätzer! Unser Königreich steht in Flammen, und ihr Narren streitet darum, wer von euch die wertvollere Figur ist. Dabei ist die Sache doch ganz einfach: Der eine ist schnell, kann aber nur die Hälfte der Felder des Schachbretts erreichen. Der andere ist langsam, kann dafür aber andere Figuren überspringen und im

Laufe der Zeit überallhin gelangen. Wer vorzuziehen ist, hängt von der jeweiligen Lage ab: Wenn auf beiden Seiten des Brettes Kämpfe toben, ist der schnelle Läufer oft wichtiger. Wenn andere Figuren nicht so beweglich sind und nur auf einer Seite gekämpft wird, ist der wendige Springer meist mächtiger. Bei uns wird der Wert der Figuren in *Bauerneinheiten* gemessen, das ist sozusagen unser Geld. So unterschiedlich die beiden da auch sind – wert sind sie ungefähr dasselbe, nämlich etwa drei Bauern. Ich, der gewaltige Turm, bin natürlich viel stärker als jeder dieser beiden Streithähne! Im alten indischen Heer war ich die größte Macht, denn ich stehe für die

eintauschst. So weißt du, ob es zum Beispiel ein gutes Geschäft ist, wenn du einen Läufer verlierst und dafür einen Turm des Gegners bekommst! Denn das ist normalerweise ein großer Vorteil für dich – tja, Läufer, da kannst du noch so wütend schauen! Natürlich gibt es im Schach viele Ausnahmen, nur Regeln pauken genügt nicht – manchmal kann eine Seite nach

Streitwagen. Von schnellen Pferden gezogen, jagten die besten Krieger des Königs darin über das Schlachtfeld. Im Schach stehe ich mit viereinhalb Bauern hoch im Kurs! Das ist natürlich sehr wichtig zu wissen, wenn du eine Figur gegen eine andere Figur

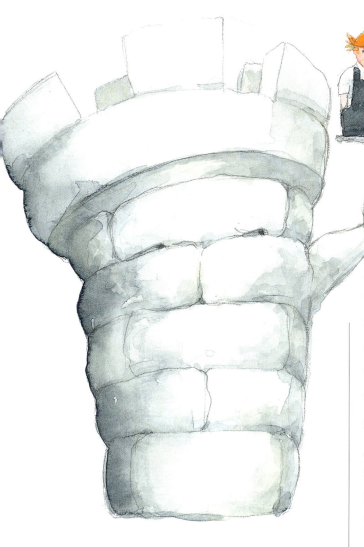

gen der Streitwagen in der nordindischen Ebene. Wenn eine gegnerische Figur in meiner Bahn steht, kann ich sie schlagen, ebenso wie König, Läufer oder Springer es tun. Auf dem Diagramm kannst du sehen, wie ich ziehe: Wenn du nachzählst, wirst du sehen, dass jeder der beiden Türme hier genau 14 Felder auf offenem Brett zur Verfügung hat. Bei uns macht es also keinen Unterschied, ob wir am Rand oder in der Mitte postiert sind. Ich eile so schnell wie der Läufer über das Brett, kann aber jedes Feld erreichen, das ich möchte!

dem Wert der Figuren klar im Nachteil sein und trotzdem gewinnen! Ziel des Spiels ist es ja nicht, möglichst viele Figuren zu erobern, sondern den gegnerischen König matt zu setzen. Diese Bewertung der Figuren ist nur eine Faustregel – sie gilt meistens, aber nicht immer!

Jetzt aber zu mir: Meine Züge sind einfach und klar, denn ich ziehe immer geradeaus, nach vorn oder hinten, nach rechts oder links, so weit ich will, wenn mir nicht eine Figur im Weg steht. Darin erkennst du noch die weiten und schnellen Bewegun-

Rätsel 10

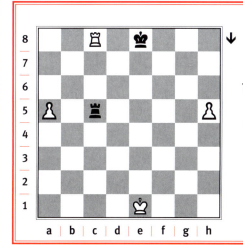

Schwarz ist am Zug. Welche Figuren darf der schwarze Turm im nächsten Zug schlagen? Kann er den weißen König bedrohen?

Lösung auf Seite 78

8. Die Dame

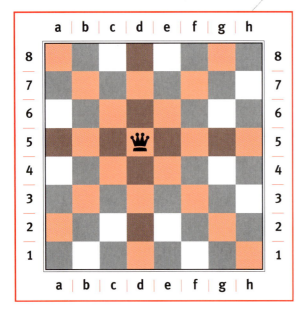

So zieht die Dame

Genug, du Prahlhans! Mir, deinem König, bist du immer noch untertan. Wenn du die Königin siehst, fängst auch du an zu zittern, so mächtig ist sie!

Im *Tschaturanga*, dem alten indischen Schach, stand für unsere heutige Dame oder Königin noch der Berater des Königs. Die-

> Die Dame hat gewaltige Fähigkeiten, sie ist die mächtigste aller Figuren.

ser Berater oder Wesir, wie ihn dann die Perser nannten, war auf dem Schachbrett die schwächste aller Figuren. Nur diagonal aufs nächste Feld durfte er ziehen. Das kommt daher, dass der wirkliche Berater des Königs damals ein Brahmane war, ein Angehöriger der indischen Priesterkaste, dem aus religiösen Gründen das Kämpfen untersagt war. So konnte er sich auch im Schach nur schützend vor seinen König werfen, aber nicht wirkungsvoll in die Schlacht eingreifen. Vielleicht hat ein weiser Brahmane sogar das Schachspiel erfunden.

Erst in der Renaissance vergrößerte sich die Macht dieser Schachfigur, sie wurde zur Dame. In der Renaissance änderte man manche Regeln, um das Spiel schneller und spannender zu machen. Zum Beispiel erweiterte man die Zugmöglichkeiten einiger Figuren. Nichts aber ist mit dem Aufstieg des Wesirs zur Schachkönigin zu vergleichen! Manche glauben, dass die berühmte französische Heldin Jeanne d'Arc der eigentliche Grund für die Entstehung der Dame ist. Dieses einfache Mädchen führte Anfang des 15. Jahrhunderts das französische Heer in die Schlacht gegen die Engländer, so tapfer war es!

Überhaupt wurden in dieser Zeit die Frauen immer einflussreicher. Die spanische Königin Isabella von Kastilien zum Beispiel war damals eine der mächtigsten Frauen der Welt. Wahrscheinlich ist die Erfindung der Dame ein Lob des Mutes und der Kraft der Frauen.

So erhielt die Königin gewaltige Fähigkeiten. Sie ist bei weitem die mächtigste aller Figuren! Als eine wahre Herrin darf sie bei jedem Zug ihre Gangart wählen: Sie kann wie ein Turm auf den Geraden ziehen oder wie ein Läufer auf den Diagonalen. Allerdings muss sie vor einem Zug entscheiden, welche Art zu ziehen sie bevorzugt. Während eines Zuges darf sie dann nicht mehr wechseln. Auch sie schlägt genau so, wie sie zieht. Nur springen darf sie nicht. In vielen Positionen

beherrscht sie das ganze Brett, weil sie so viele Felder erreichen kann. In unserem Diagramm sind es 27! Man berechnet die Dame mit neun Bauerneinheiten. Das ist ganz schön viel; damit ist sie so wertvoll wie zwei Türme. Du kannst leicht selber ausrechnen, dass sie ebenso zwei Springer und einen Läufer oder zwei Läufer und einen Springer aufwiegt.

Rätsel 11

Wie viele Figuren könnte die weiße Dame schlagen? Auf wie viele Arten könnte sie dem schwarzen König Schach bieten? Welcher Zug wäre der beste?

Lösung auf Seite 78

Aber aufgepasst: Die Dame ist nicht nur die mächtigste, sondern dadurch auch eine besonders wertvolle Figur! Viele unerfahrene Spieler sind so berauscht von der Macht der Dame, dass sie diese gleich am Anfang einer Schachpartie herausbringen und nur noch mit ihr umherziehen. Sie hoffen so, schnelle Beute unter den feindlichen Figuren zu machen. Wenn der Gegner aber aufpasst, kann das sehr gefährlich werden. Nur zu leicht gerät die einsame Dame in eine Falle und wird geschlagen.

Im Schach ist es immer wichtig, dass alle Figuren gut zusammenarbeiten. Auch die mächtige Königin braucht die Unterstützung ihrer Untertanen. Es ist daher oft schlauer, erst einige andere Figuren auf gute Plätze zu bringen, bevor man die Dame in den Kampf eingreifen lässt. Erst wenn du sie richtig führst, wird sie zeigen, welche Kraft in ihr steckt!

9. Schach und Schachmatt

Ich, der König, bin dagegen unersetzlich, daher kann mein Wert gar nicht bemessen werden! Wenn ich verloren bin, ist alles verloren – dann ist die Partie beendet. Deshalb muss jede Figur im Notfall bereit sein, sich für mich zu opfern, selbst die mächtige Dame. Schenke also diesen üblen Gerüchten keinen Glauben, ich sei schuld am Verlust unserer Königin. Es musste einfach sein!

Äh, ich bin nur ein Bauer, mein König, ich weiß, aber ich muss unserem Spieler unbedingt was sagen. Äh, ich ... also mein Geheimnis ... äh ...

Still, Kleiner, nur so weit hast du Recht, dass ein Bauer hier nichts mitzureden hat! Die schwarze Dame ist viel zu mächtig. Bald wird sie mich angreifen und mir Schach bieten. Dabei kennt unser Freund ja noch

nicht einmal Schach und Schachmatt. Komm, werter Spieler, wenigstens zeige ich dir jetzt zwei Beispiele. Die Diagramme rechts zeigen zwei Schachgebote. Beim ersten bedroht der weiße Turm den schwarzen König, er bietet ihm Schach. Doch der schwarze Herrscher ist keineswegs verloren, denn es gibt drei Wege, auf ein Schach zu reagieren: **1.** Der angegriffene König flüchtet (nach **d7**, **d8**, **f7** oder **f8**). **2.** Eine eigene Figur wirft sich schützend vor den König und wehrt damit den Angriff ab (**Th6–e6**). **3.** Die angreifende Figur wird geschlagen (**La7×e3**). In unserem Beispiel sind Schwarz alle drei Wege offen. Steht jedoch keines dieser drei Mittel zur Wahl, so ist der angegriffene König schachmatt, und der Angreifer hat die Partie gewonnen.

Auch beim zweiten Schachgebot wird der schwarze König von einem weißen Turm bedroht, doch über welche Möglichkeiten der Verteidigung verfügt er? Keine schwarze Figur kann sich rettend in die Linie des weißen Turmes stellen, auch kann der Turm

Rätsel 12

Wie viele Möglichkeiten hat Weiß hier, dem schwarzen König Schach zu bieten? Gehört dazu auch ein Schachmatt?

Lösung auf Seite 78

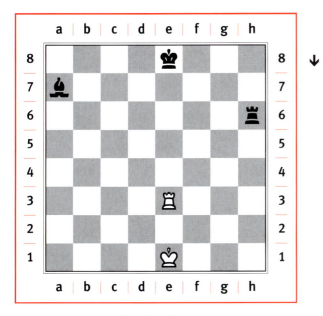

Schachgebot 1
Schach!

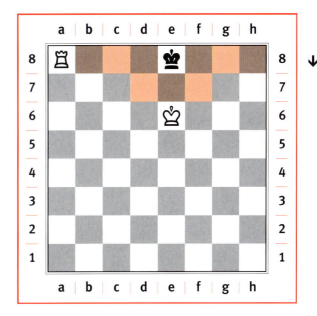

Schachgebot 2
Schachmatt!

nicht geschlagen werden. Wohin aber soll der schwarze Herrscher flüchten? Alle ihm zugänglichen Felder der achten Reihe werden ja vom weißen Turm bewacht. Will der Verfolgte sich jedoch »nach oben«, auf die siebte Reihe, retten, so lauert dort schon sein grimmiger weißer Gegenspieler, der ihm die rettenden Felder **d7**, **e7** und **f7** verwehrt.

Keines dieser Felder darf der gehetzte König betreten, weil ihn sein Widersacher sonst schlagen würde. Du merkst also, dass hier der schwarze König rettungslos verloren ist. Wie er es auch dreht und wendet, im nächsten Zug würde er unweigerlich ge-

schlagen werden! Zu solch einem grausamen Königsmord kommt es im Schach jedoch nicht, die Partie wird einen Zug vorher beendet. Zum ersten Mal siehst du hier also das Ende einer Partie. Schwarz ist schachmatt, und Weiß hat das Spiel gewonnen. Am Anfang und am Ende der Partie reichen sich übrigens die Spieler die Hände, das ist ein Zeichen dafür, dass sie sich gegenseitig achten.

Mir zittern meine königlichen Knie, was sollen wir denn tun? Wie, lieber Spieler, du willst dich wirklich mit einem Bauern und seinem albernen Geheimnis abgeben? Nun gut, Kleiner, tritt vor!

> **Am Anfang und am Ende der Partie reichen sich die Spieler die Hände, das ist ein schönes Zeichen dafür, dass sie sich gegenseitig achten.**

SCHACH UND SCHACHMATT

10. Das Geheimnis des Bauern

Lieber Spieler, was ich dir die ganze Zeit schon sagen will, ist, dass der weise Erfinder des Schachspiels uns kleine Leute mit einer ganz besonderen Eigenschaft ausgestattet hat. Jetzt spitz mal die Ohren: Wenn wir die lange und gefährliche Reise bis ins hinterste Feindesland antreten und es uns wirklich gelingt, bis zur von uns aus gesehen letzten Reihe des Schachbretts zu kommen – dann dürfen wir uns *verwandeln*! In dem Moment, in dem wir die letzte Reihe erreichen, können wir die Gestalt irgendeiner anderen Figur mit all ihren Fähigkeiten annehmen, auch die der Königin! Na ja, klingt ein bisschen komisch, dass ein Bauer Königin wird. Aber im alten indischen Heer war es so, dass ein besonders mutiger Soldat für seine Heldentaten viel Geld bekam und befördert wurde, vielleicht gar zu einem Berater des Königs. Stell es dir im Schach vor wie im Märchen: Wir können die Königin erlösen! Nur König selbst können wir nicht werden. Es wäre einem Spieler sogar möglich, insgesamt neun Damen zu haben, denn jeder Bauer könnte sich verwandeln, das ist erlaubt! Allerdings ist es sehr, sehr schwer, bis zur letzten Reihe zu

So verwandelt sich … … der Bauer

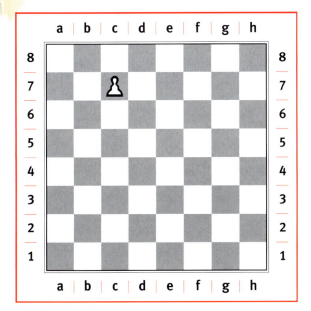
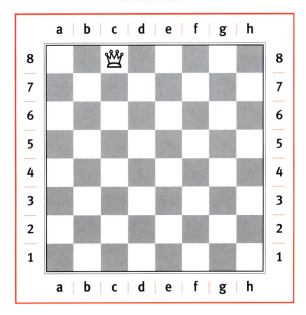

DAS GEHEIMNIS DES BAUERN | 43

gelangen, denn wir gehen ja ganz langsam, und bei jedem Schritt lauern so viele Gefahren! Jede gegnerische Figur kann uns aufhalten – im Schach sagt man *blockieren* – oder uns schlagen. Du meinst, ich soll das versuchen? Ich soll die lange Reise unternehmen, um die Königin zu erlösen? Nein, das bringt doch nix, das schaff ich nicht. Die Schwarzen schnappen mich, und dann ist alles aus. Vielleicht findest du jemand anderen. Ich bin doch kein Held, bin ich echt nicht. Frag doch mal den starken Turm da, an dem ist genug dran. Der hat doch selber erzählt, dass er viereinhalb Bauern aufwiegt. Hab zwar noch nie 'nen halben Bauern gesehen, aber wird schon stimmen …

He, du Winzling, was soll denn das heißen, »genug dran«? Ich bin genau richtig für einen Turm: alles Muskeln, kein Gramm Fett. Aber nur du als Bauer hast doch die Gabe, dich in eine Dame zu verwandeln. Auch mit meinem Bodybuilding kann ich das niemals

stemmen. Also Kleiner, Ehrenwort: Wenn du für uns die gefährliche Reise ins Feindesland antrittst, dann werde ich dich mit all meiner Kraft beschützen!

Auch ich, der schnelle Läufer, gelobe, dir zu helfen! Übrigens haben bis in die Mitte des 18. Jahrhunderts auch Schachmeister die Bauern nicht besonders hoch geschätzt. Diese wurden oft schnell geopfert, um den stärkeren Figuren den Weg frei zu machen. Dann jedoch kam ein Franzose, der Schach viel besser verstand als alle Spieler vor ihm. Sein Name war André Danican Philidor, er lebte von 1726 bis 1795 und war nicht nur als Schachmeister berühmt. Seine andere große Begabung war die Musik: Er gehörte zu den größten Opernkomponisten seiner Zeit. In der Mitte des 18. Jahrhunderts schrieb er ein völlig neuartiges Buch über das Schachspiel, in dem er den berühmten Satz notierte: »Der Bauer ist die Seele des Spiels.« In seinem Werk erklärte er, wie die einfachen Bauern bei geschicktem Spiel zu größter Macht gelangen und den Ausgang der Schachpartie entscheiden können. Philidors Gegner hatten keine Chance gegen ihn, denn ihren Figuren setzte er ein geschlossenes Bauernheer entgegen, das unangreifbar in festen Reihen vormarschierte. Unheimlich daran ist, dass wenige Jahrzehnte nach dem Erscheinen von Philidors Buch die Französische Revolution ausbrach, wo wirklich

Rätsel 13

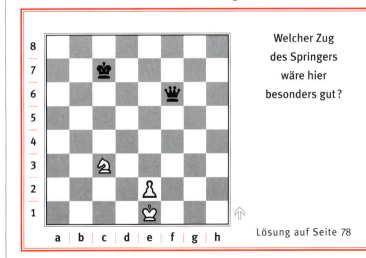

Welcher Zug des Springers wäre hier besonders gut?

Lösung auf Seite 78

> Das Schachspiel ist wie ein See,
> in dem eine Mücke baden
> und ein Elefant ertrinken kann.

das einfache Volk die Macht ergriff und den König auf grausame Weise schachmatt setzte!

Hast den Springer du zur Seite, ziehe ohne Furcht ins Weite! Durch meines Sprunges wilde Kraft ward manches Wunder schon geschafft.

Seht nur, wie siegessicher die Schwarzen sind, ihr spöttisches Lachen reizt sogar mich vernünftigen Läufer. Aber darin liegt gerade unsere Chance. Denn nichts ist schwieriger, als eine Partie zu gewinnen, von der man glaubt, sie sei schon gewonnen. Der schwarze König soll an seinem Leichtsinn zugrunde gehen! Wir müssen unsere Gegner überlisten. Während das schwarze Heer vorwärts marschiert, wird sich unser Bäuerlein durch die feindlichen Reihen schleichen. Dazu brauchen wir Mut und Glück!

Meine Freunde, wenn ihr alle es wollt, will ich mich auf den Weg machen. Viel Zeit haben wir nicht mehr. Gleich bist du dran, lieber Spieler. Führe mich und die anderen weißen Figuren so, dass ich möglichst schnell die letzte, also die achte Reihe erreichen kann.

Gewiss, gewiss, und höre vor allem auf mich, den König! Wer kennt die Schachwelt besser? Jeder Zug muss nun gut erwogen sein, denn ein altes indisches Sprichwort sagt: ›Das Schachspiel ist wie ein See, in dem eine Mücke baden und ein Elefant ertrinken kann.‹ Das bedeutet, dass zwar jeder spielen kann, es jedoch selbst den größten Meistern nicht gelingt, alle Tiefen des Schachspiels zu ergründen. Der Unwissende sieht nur ein hölzernes Brett mit leblosen Figuren, in Wahrheit aber begibst du dich jetzt auf einen Ozean voller Gefahren!

11. Die Grosse Schlacht

Spürst du, wie dein Herz klopft? Nur keine Sorge, das ist ganz normal, mein königliches Herz schlägt auch immer wild, wenn der Kampf beginnt. Zuerst brauchst du einen klaren Überblick der Lage. Sieh dir die Sache in Ruhe an. Wie viele und welche Figuren hat jede Seite? Welche Zugmöglichkeiten gibt es?

Es ist so weit, die Schlacht beginnt! Nun ist es an dir, als Spieler der weißen Figuren über unseren nächsten Zug zu entscheiden. Drei Vorschläge mache ich dir. Überlege gut und entscheide. Soll unser wackrer Bauer **e2–e3**, **e2–e4** oder **e2–f3** ziehen?

Die Ausgangsposition der Schlacht

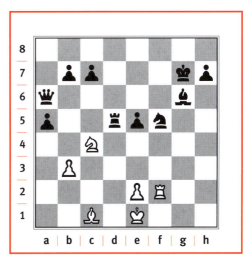

DIE GROSSE SCHLACHT | 49

○ Dein 1. Zug

○ e2–e4

○ Bravo, das war die beste Möglichkeit, unseren Kleinen voranzubringen. Du hast dich gut erinnert, dass Bauern bei ihrem ersten Zug sogar zwei Schritte nach vorn gehen dürfen. Besonders wichtig ist dabei, dass

1. Zug Schwarz

● Td5–d8

er gleich zwei wichtige schwarze Figuren auf einmal bedroht, nämlich den schwarzen Turm auf **d5** und den schwarzen Springer auf **f5**. Wie auf den Zinken einer Gabel hat er sie aufgespießt. Darum nennt man diese Stellung auch eine *Bauerngabel*, nicht selten ist das ein wichtiger Trick. Schwarz kann jetzt nur eine Figur retten, die andere ist verloren. Der Zug **e2–e4** ist übrigens auch ganz am Anfang einer Schachpartie die beste Möglichkeit, das Spiel zu eröffnen. Wie werden die Schwarzen antworten? Retten können sie ja nur eine der beiden angegriffenen Figuren, und wertvoller ist der Turm.

● Ha, schon ist der Turm vor unserem Bauern weggerannt. Was nun? Soll unser Bauer den schwarzen Springer schlagen? Wenn er das tut, dann könnte der schwarze Läufer ihn ebenfalls nehmen. Allerdings ist ein Springer wertvoller als ein Bauer. Wie siehst du die Lage? Schlagen oder nicht schlagen, das ist hier die Frage!

DIE GROSSE SCHLACHT | 51

O Dein 2. Zug

O e4×f5

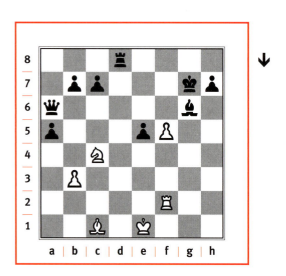

O Hoho, der kleine Mann ist ein Teufelskerl! Zuerst hat er den mächtigen schwarzen Turm verjagt und den Springer geschlagen, und jetzt bedroht er auch noch den schwarzen Läufer. Und der schwarze Läufer kann unserem Bauern nicht mal etwas antun, denn der wird ja von unserem Turm geschützt. Würde der Läufer ihn doch schlagen, könnte unser Turm ihn rächen und seinerseits den schwarzen Läufer vom Brett

2. Zug Schwarz

fegen. Aber ein Läufer oder Springer ist etwa drei Bauern wert, das wäre also ein sehr schlechter Tausch für die Schwarzen. Ohne den wackeren Turm in seinem Rücken hätte er es aber auch nicht schaffen können. Hörst du, was der schwarze Läufer da mit seinem König tuschelt?

Eure schwarze Majestät, es tut mir Leid, aber ich kann diesem frechen Bauern nichts anhaben, sein Freund, der Turm, steht hinter ihm und schützt ihn mit starkem Arm. Was soll ich tun? Jawohl, ich ziehe an Eure Seite, den Bauern werden wir uns schon noch schnappen. Natürlich, Ihr habt völlig Recht, wenn unsere Königin erst mal eingreift, werden diese weißen Wichte noch staunen. Ihr seid eben ein wahrhaft weiser Herrscher! Deshalb haben wir auch gar keinen Spieler nötig wie diese Memmen!

● Mein Spieler, hast du jetzt eine Idee, wie wir Weißen diesen schwarzen Finsterling dort auf dem Feld **g7** ein wenig ärgern können? Sollen wir **f5–f6+**, **Lc1–h6+** oder **Tf2–g2+** ziehen?

● Lg6–f7

○ Dein 3. Zug

○ f5–f6+

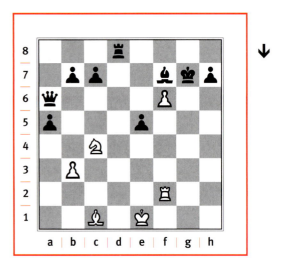

○ Hervorragend, jetzt bietet unser Bauer dem schwarzen König sogar Schach! Und sieh nur, wie ihn der treue Turm unterstützt. Der schwarze König kann ihm gar nichts anhaben, denn würde er ihn schlagen, so wäre er im Bereich unseres Turms und stünde damit im Schach. Zwar könnte die schwarze Dame vom linken Flügel herbeieilen und unseren Bauern schlagen, doch würde sie das nur allzu bald bereuen. Denn unser Turm würde seinen kleinen Freund furchtbar rächen und sie sogleich vom Brett werfen. Da eine Dame doppelt so wertvoll ist wie ein Turm, kann sie auf diesen Tausch nicht eingehen. So bleibt dem schwarzen König nur der kleinlaute Rückzug vor einem einfachen Bauern!

● Oh, was ist das, unser Bauer ist jetzt vom schwarzen Läufer blockiert. Er kann nicht vor noch zurück – na ja, zurück dürfen Bauern ja sowieso nicht. Und wenn du jetzt unsere Lage betrachtest, wird dir sicher auch

3. Zug Schwarz

● Kg7–h8

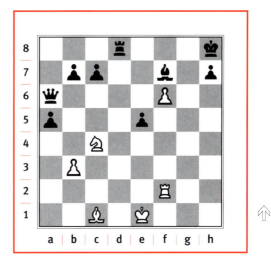

ganz mulmig zumute. Zähle die Figuren und ihren Wert auf beiden Seiten. Jede Seite hat noch einen Turm und einen Läufer, das gleicht sich aus. Dann gibt es aber noch fünf schwarze und nur zwei weiße Bauern. Zwar haben wir unseren Springer, aber dafür droht dort die schwarze Dame, die ja mit neun Bauerneinheiten gerechnet wird. Ein Springer ist jedoch nur drei Einheiten wert!

Wenn wir also die schwarze Bauernübermacht mitzählen, sind die Schwarzen immer noch mit neun Bauerneinheiten im Vorteil! Wir sollten am besten gleich den schwarzen König um Gnade bitten. Dann spielen wir eben eine neue Partie. Gute Spieler geben auf, wenn sie in eine aussichtslose Position geraten sind. Sie spielen nicht bis zum Untergang des Königs, bis zum Schachmatt.

Mit Verlaub, Eure Majestät, Ihr seid ein Jammerlappen! Jetzt, lieber Spieler, brauchst du einen rechten Haudegen an deiner Seite. Nimm mich, den Turm, als deinen Berater, ich fürchte weder Tod noch Teufel. Wir sind noch nicht verloren, zu welchem Zug rätst du uns?

Dein 4. Zug

Sc4×e5

Ein kühner Sprung in Brettes Mitte, schon fühlt der Schwarze meine Tritte! Der Bauernschmaus war wirklich fein, gleich schnapp ich noch das Läuferlein. Und weicht der Läufer jetzt zurück, ist unser Bauer nah dem Glück. Nur unser König rauft das Haar, wo sieht er jetzt denn noch Gefahr?

● 4. Zug Schwarz

● Td8–e8

● O weh, ich unglücklicher weißer König habe euch gewarnt! Das ist ein ganz gefährlicher Angriff des schwarzen Turms, man nennt das eine *Fesselung*. Unser Springer darf sich jetzt nicht mehr bewegen, denn sonst würde ich, der König, selbst im Angriff des Turms stehen, und das darf nicht sein! Ist unser Springer nicht einfach verloren? Das kommt davon, wenn du dir so einen Grobian von Turm als Berater nimmst.

Hör nicht auf den Angsthasen, Spieler, es gibt immer Hoffnung! Wir haben folgende Möglichkeiten, wähle die beste:

Tf2–e2, **Lc1–f4**, **Lc1–b2** oder **Tf2–f5**?

DIE GROSSE SCHLACHT | 57

○ Dein 5. Zug

○ Potztausend, Applaus vom Turm! Ausgezeichnet gespielt. Auch der Läufer will in den Kampf eingreifen. Der schwarze Turm soll sich hüten, unserem Springer ein Haar zu krümmen, unser Läufer würde es bitter rächen.

○ Lc1–b2

● Da6–b5

● **5. Zug Schwarz**

● Jammer und Not, wir sind verloren, die schwarze Dame naht!

Aber nein, Durchlaucht, jetzt geht's doch erst richtig los. Das kann sich ein starker Turm nur wünschen. Wir müssen aber höllisch aufpassen: Die schwarze Königin ist sehr gefährlich, sie bedroht unseren Springer ein zweites Mal und ebenso unseren Bauern auf **b3**. Siehst du, Spieler, wenn wir jetzt nicht achtsam sind, wird der schwarze Turm im nächsten Zug doch unseren Springer auf **e5** schlagen: Zwar käme dann unser Läufer zum Einsatz, der seinerseits den schwarzen Turm vom Brett schleudern könnte, aber dann wäre die schwarze Dame an der Reihe: Sie würde es wiederum dem Läufer heimzahlen. Insgesamt wäre das ein sehr schlechtes Geschäft für uns, denn Springer und Läufer zusammen sind deutlich mehr wert als ein einsamer Turm! Als Faustregel kannst du also in so einer Situation einfach abzählen: Wie oft ist eine Figur angegriffen und wie oft verteidigt? Unser Springer ist jetzt zweimal angegriffen (von Dame und Turm) und nur einmal verteidigt (von unserem Läufer). Er schwebt also wirklich in höchster Gefahr. Sag du uns, was zu tun ist. Mir jucken schon die Fäuste, ich sehne mich nach einer saftigen Klopperei!

DIE GROSSE SCHLACHT

○ Dein 6. Zug

○ Tf2–e2

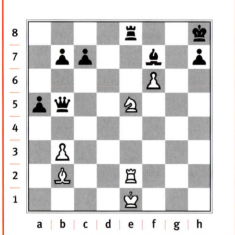

○ Sehr gut, das nennt man im Schach *entfesseln*. Vorher durfte unser Springer nicht ziehen, weil der König dann im Angriff des schwarzen Turmes gestanden hätte. Jetzt aber habe ich ihn befreit, er bedroht sogar den schwarzen Läufer auf **f7**. Hallo Kleiner da vorne, hab noch ein wenig Geduld! Wenn der schwarze Läufer dort verschwunden ist, kannst auch du wieder weitergehen. Ich, der gewaltige Turm, verspreche es dir persönlich!

● Ha, was ist das, der schwarze Turm hat unseren Springer geschlagen! Ein seltsamer Tausch, sind wir Türme doch normalerweise mehr wert als ein Springer. Der schwarze Zug war also ein *Opfer*. Von einem Opfer spricht man im Schach, wenn man etwas hergibt (also zum Beispiel einen Bauern oder eine andere Figur), um dafür ein bestimmtes Ziel zu erreichen. Und dieser schwarze Zug ist ein Opfer, weil wir jetzt für den Springer einen Turm bekommen, der anderthalb Bauerneinheiten mehr wert ist. Im Schach kann es viele Gründe geben, etwas zu opfern. Zum Beispiel könnte man damit eine andere Figur schnell auf ein besonders gutes Feld bringen, wo sie den König des Gegners angreift. Oder man hat ge-

● 6. Zug Schwarz

● Te8×e5

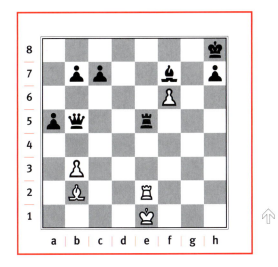

sehen, dass man ein wenig später noch mehr zurückgewinnt, als man zuerst gegeben hat, dann handelt es sich einfach um ein gutes Geschäft. Bei uns war es wohl so, dass unser wackeres Pferd dem schwarzen Herrscher zu stark und gefährlich wurde, so dass er sich zu diesem Opfer entschloss. Nun lasst uns handeln, statt zu jammern! Wie können wir den frechen schwarzen Turm bestrafen, welchen Zug sollen wir ausführen?

○ **Dein 7. Zug**

○ **Te2×e5**

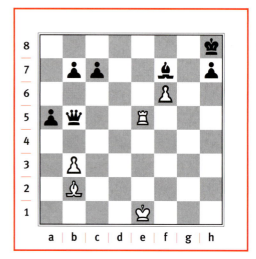

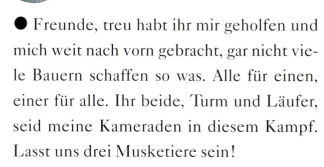

○ Ha, du schwarze Herrscherin, jetzt zeig einmal, wie stark du wirklich bist! Ich vertraue auf meinen Freund, den Läufer, der mich zuverlässig schützt!

Bist du wahnsinnig, Turm? Oh, ich armer König! Deine Muskeln sind zehnmal größer als dein Gehirn! Wie kannst du nur die schwarze Dame so reizen? Jetzt wird sie gnadenlos über uns herfallen. Wenn du aber selbst den schwarzen König bedrohst, könnte dich der schwarze Läufer schlagen. Wie wenige Männer mir einsamen Herrscher noch verblieben sind! Unser Hoffnungsschimmer ist erloschen, denn der gegnerische Läufer hält unseren Bauern auf. Und freiwillig wird dieser schwarze Teufel nicht weichen. Vorbei, vorbei!

● Freunde, treu habt ihr mir geholfen und mich weit nach vorn gebracht, gar nicht viele Bauern schaffen so was. Alle für einen, einer für alle. Ihr beide, Turm und Läufer, seid meine Kameraden in diesem Kampf. Lasst uns drei Musketiere sein!

Jawoll, ein Läufer kennt auch in der Gefahr seine Pflicht. Auf mich könnt ihr zählen!

Du bist der größte kleine Bauer, den ich je gesehen habe! Auch ich, der Turm, bin zu jeder Tat bereit. Auf jeden Fall müssen wir sofort handeln, sonst ist es zu spät. Wenn die schwarze Königin noch einen Zug Zeit hat, wird sie unserem König Schach bieten. Ich könnte mich auf die unterste schwarze Reihe nach **e8** stürzen und den schwarzen König bedrohen. Doch dann würde mich der schwarze Läufer schlagen. Sprich du, Läufer!

● **7. Zug Schwarz**

● Db5×b3

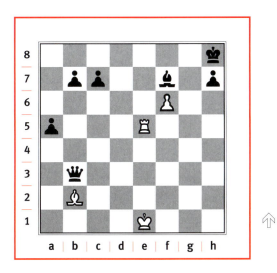

Wie du brenne ich darauf, dem schwarzen König einzuheizen. Doch gerade ihr beide steht mir im Weg und beschützt ihn, ohne es zu wollen. Wenn unser Bauer nur einen Schritt weiter nach vorn gehen könnte! Doch freiwillig wird der schwarze Läufer seinen Posten niemals verlassen. Außerdem bedroht mich auch die schwarze Dame. Aber was meint unser kleinster Musketier?

Ihr habt Recht, freiwillig wird der grimmige schwarze Wachtposten nie vor mir weichen. Gelingt es dir, Spieler, unsere Wünsche zu verknüpfen? Das nennt man im Schach eine *Kombination*. Es ist die schwerste aller Aufgaben!

DIE GROSSE SCHLACHT

○ Dein 8. Zug

○ Te5–e8+

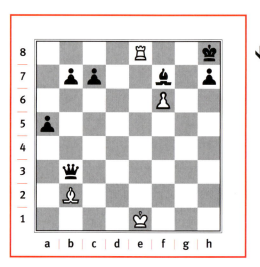

○ Seid ihr denn alle verrückt geworden? War das wirklich deine Idee, Spieler? Wie konntest du dich nur beschwatzen lassen und solch wirren Träumen folgen! Jetzt ist auch noch der Turm verloren, ihr Narren! Wollt ihr mich denn alle verlassen?

Habt nur Vertrauen, Majestät, ich glaube an unseren Spieler. Turm, dein Heldenmut wird unvergessen bleiben, bald sehen wir uns wieder!

● 8. Zug Schwarz

● Lf7×e8

● Jetzt verstehe ich dich, Kleiner: Einer für alle, alle für einen! Auf mich kannst du zählen. Ein Läufer ist zu allem bereit. Was sollen wir tun, Spieler? »Schach dem König«, will ich rufen, wenn unser Bauer weitermarschiert, doch bedroht mich die schwarze Dame! Wie lautet dein Befehl, Spieler?

DIE GROSSE SCHLACHT | 65

◯ **Dein 9. Zug**

◯ f6–f7+

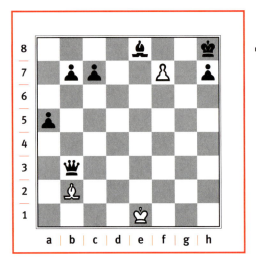

◯ Ha, ihr weißen Würmer! Habt ihr wirklich geglaubt, ihr könnt es mit dem schwarzen König aufnehmen? Ich habe euren kleinen Plan längst durchschaut: Wenn meine Gemahlin diesen lästigen Läufer beseitigt hat, der mich bedroht, will der freche Bauer unseren Läufer schlagen und sich in eine neue Königin verwandeln! Doch diese Tücke wird euch nichts helfen, denn ich werde dann einfach einen Schritt beiseite treten, und die neue Königin steht allein gegen unsere ganze Armee. Nett ausgedacht, aber nur eine Träumerei. Schnapp dir den Läufer, Liebste!

● 9. Zug Schwarz

● Db3×b2

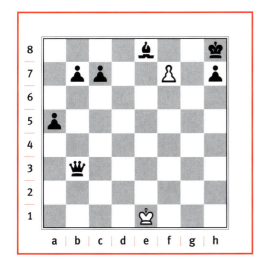

● Die Stunde der Wahrheit ist gekommen, Spieler, soll ich tun, was der schwarze König gerade gesagt hat, und den schwarzen Läufer schlagen? Denke gut nach! Alles steht auf dem Spiel. Wie wird mein Weg enden?

DIE GROSSE SCHLACHT

○ **Dein 10. Zug**

Der Siegeszug
○ f7–f8 (Dame) Schachmatt!

○ Hurra, das war ein genialer Zug! Der schwarze König ist schachmatt! Erkennst du deinen kleinen Bauern überhaupt wieder? Ich habe mich verwandelt! Die Königin ist wieder bei uns. Ich danke dir von Herzen, lieber Spieler!

Du hast treu zu uns gehalten, als die Lage verzweifelt schien. Mit deiner Hilfe habe ich das Ziel meiner Reise erreicht. Der schwarze Herrscher ist schachmatt, wir haben die Partie gewonnen. Sei unser Gast bei der Siegesfeier und komm uns besuchen, wann immer dir der Sinn nach einer Partie Schach steht! Wir alle werden auf dich warten.

12. Anhang

I. Die Figuren

Allgemein gilt: Auf einem Feld darf jeweils nur eine Figur stehen. Alle Figuren – mit Ausnahme des Bauern – schlagen so, wie sie ziehen.

1. Der König

Der König darf auf jedes angrenzende Feld ziehen, sofern es nicht von einer gegnerischen Figur bedroht wird (siehe auch **Schachgebot** und **Schachmatt**). Die einzige Ausnahme bildet die **Rochade**.

2. Der Bauer

Der Bauer darf immer nur gerade nach vorn ziehen. Bei seinem ersten Zug kann er, muss jedoch nicht, zwei Felder weit ziehen. Als einzige Figur darf der Bauer niemals rückwärts ziehen, und als einzige Figur schlägt der Bauer anders, als er zieht! Er schlägt schräg nach vorn. Steht also auf einem der beiden angrenzend schräg vor ihm liegenden Felder eine gegnerische Figur (ein Bauer auf der Randlinie hat nur ein schräg vor ihm liegendes Feld), darf der Bauer sie in seinem nächsten Zug schlagen. Die einzige Ausnahme bildet die **En-passant-Regel**. Wenn frontal vor dem Bauern eine andere (fremde oder eigene) Figur steht, darf der Bauer nicht ziehen, es sei denn, er erhält eine Schlagmöglichkeit. Erreicht ein Bauer die letzte Reihe des Gegners (für einen weißen Bauern die achte Reihe, für einen schwarzen Bauern die erste Reihe), so verwandelt er sich im selben Zug in eine beliebige Figur eigener Farbe, mit Ausnahme des Königs. Meistens ist es günstig, den Bauern in eine Dame zu verwandeln, denn sie ist die wertvollste Figur. Doch es gibt auch besondere Situationen, in denen es besser ist, den Bauern in einen Turm, einen Läufer oder einen Springer zu verwandeln. Bei der Umwandlung spielt es keine Rolle, ob die betreffende Figur auf dem Schachbrett noch vorhanden ist. Theoretisch kann eine Seite also maximal neun Damen besitzen – wenn alle acht Bauern verwandelt werden und die ursprüngliche Dame noch im Spiel ist. Ist nach der Umwandlung gerade keine Reservedame (oder sonstige Reservefigur) zur Hand, wird in der Praxis ein Ersatz, beispielsweise ein umgedrehter Turm, verwendet.

3. Der Läufer

Der Läufer darf von seinem Standfeld aus entlang der von dort ausgehenden Schrägen (man nennt sie *Diagonalen*) beliebig weit (ein bis sieben Felder) in jede Richtung ziehen, es sei denn, auf seiner Bahn befindet sich eine andere Figur. Handelt es sich um eine eigene Figur, darf er sie natürlich nicht schlagen und muss spätestens ein Feld vor ihr stehen bleiben. Handelt es sich dagegen um eine gegnerische Figur, darf er sie schlagen, nicht aber überspringen. Während des Zuges darf der Läufer die Richtung nicht wechseln.

4. Der Springer

Würde man den Zug des Springers nachzeichnen, dann hätte er die Form des Buchstaben L. Um von seinem Standort aus sein Zielfeld zu erreichen, bewegt sich der Springer zwei Felder in gerader Richtung (nach vorn, seitlich oder nach hinten) und wird von dort auf ein rechtwinklig angrenzendes Feld gesetzt. Hierbei darf der Springer eigene oder gegnerische Figuren überspringen. Befindet sich auf seinem Zielfeld eine gegnerische Figur, darf er sie schlagen.

5. Der Turm

So wie der Läufer über die Diagonalen zieht der Turm über die Geraden (**Reihe** oder **Linie**), die von seinem Standfeld ausgehen. Auch er darf beliebig weit (ein bis sieben Felder) in jede Richtung ziehen, während des Zuges jedoch nicht die Richtung ändern. Trifft der Turm während seines Zuges auf eine gegnerische Figur, darf er sie schlagen, nicht aber überspringen. Die einzige Ausnahmeregel für den Turm bildet die **Rochade**.

6. Die Dame

Die Dame vereinigt die Zugmöglichkeiten des Läufers und des Turmes in sich. Bei jedem ihrer Züge kann sie entweder wie ein Läufer, also in jeder Richtung entlang der Diagonalen, oder wie ein Turm entlang der Geraden beliebig weit (ein bis sieben Felder) ziehen. Während des Zuges darf sie weder die Gangart oder die Richtung wechseln noch Figuren überspringen.

II. Wichtige Regeln

1. Berührt – geführt

In einer ernsthaften Schachpartie und natürlich bei jeder offiziellen Turnierpartie muss ein Spieler, der am Zug ist, eine bereits berührte Figur auch ziehen. Man sollte sich auch bei Freundschaftspartien an diese Regel halten, denn das ist eine hervorragende Übung, um Geduld und Disziplin beim Denken zu trainieren.

Kann die berührte Figur keinen Zug, der nach den Regeln erlaubt ist, ausführen, so darf der Spieler eine andere Figur ziehen. Will ein Spieler eine Figur lediglich zurechtrücken, so sagt er vor dem Berühren der jeweiligen Figur *j'adoube* (sprich: schaduub), das ist französisch und heißt: »Ich rücke zurecht«.

2. En passant

En passant (sprich: ong passong) kommt ebenfalls aus dem Französischen und bedeutet »im Vorbeigehen«. Steht nach dem Doppelschritt eines Bauern ein gegnerischer Bauer rechts oder links gerade neben ihm, darf dieser den Bauern, der den Doppelschritt ausgeführt hat, schlagen, und zwar so, als wäre der gegnerische Bauer nur ein Feld vorgerückt. Das Schlagen en passant ist nur als unmittelbare Antwort auf den Doppelschritt erlaubt, bereits einen Zug später verfällt dieses Recht.

3. Remis oder Unentschieden

Eine Schachpartie endet nicht immer mit dem Sieg einer Seite – es gibt einige Fälle, wo es zu einem friedlichen Ende kommt. Dies nennt man Unentschieden oder, auf Französisch, Remis (sprich: remi). Ein Remis kann vier verschiedene Gründe haben:

1. Es gibt eine ganz besondere Situation, die man **Patt** nennt: Dabei ist der König einer Seite so in die Enge getrieben worden, dass weder

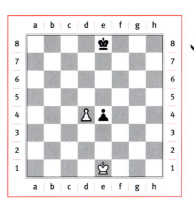

Nach dem Doppelschritt des weißen Bauern

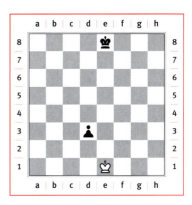

En passant

er noch irgendeine seiner Figuren ziehen können, ohne den König einem **Schachgebot** auszusetzen. Der entscheidende Unterschied zum **Schachmatt** ist, dass in diesem Augenblick der König noch nicht angegriffen worden ist. Beim Schachmatt wird der König bereits bedroht, er steht also im Schach. Beim Patt ist er aber am Zug und müsste sich freiwillig ins Verderben stürzen, also eigentlich »Selbstmord begehen«. Das ist jedoch im Schachspiel nicht erlaubt! Daher wird eine solche Situation als Remis gewertet, es hat also keine Seite gewonnen und keine Seite verloren. Darüber ärgert sich meistens der Spieler, der vorher im Vorteil gewesen ist.

2. Wegen des geringen verbliebenen Materials hat keine Seite eine Gewinnchance mehr. Ein solcher Fall wäre zum Beispiel, wenn jeder Seite nur

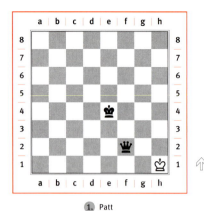

1. Patt

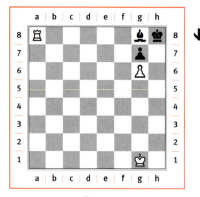

1. Patt

noch der König verbliebe. Auch mit König und Läufer oder König und Springer gegen König kann man nicht mehr gewinnen.

3. Wenn zum dritten Mal dieselbe Stellung mit derselben Seite am Zug entsteht (das nennt man eine *dreimalige Zugwiederholung*), kann der Spieler, der diese Situation mit seinem nächsten Zug herbeiführt, verlangen, dass die Partie als Unentschieden gewertet wird.

4. Es ist auch möglich, dass die Spieler sich einfach auf Remis einigen. Jeder Spieler kann Remis anbieten, wenn er möchte, und der andere hat dann die Wahl anzunehmen, womit die Partie beendet wäre, oder abzulehnen und einfach weiterzuspielen.
Warum ein Spieler überhaupt Remis anbietet? Entweder denkt er, dass sowieso keine Seite mehr Gewinnchancen hat, oder er ist müde und will nach Hause gehen. Oder er hat große Angst vor einer Niederlage und möchte wenigstens ein Unentschieden erreichen, was immer noch viel besser ist als zu verlieren. Im Turnierschach wird bei einem Remis jedem Spieler ein halber Punkt gutgeschrieben.

4. Rochade

Der König darf mit jedem seiner Türme die Rochade vollziehen. Dazu müssen sich der König und der jeweilige Turm noch in ihrer Ausgangsposition befinden. Der Turm bewegt sich auf der Grundreihe (bei Weiß die erste, bei Schwarz die achte Reihe) zwei Felder auf den König zu. Dann überspringt der König den Turm und wird auf das Feld, welches an das des Königs angrenzt, gesetzt. Erst jetzt ist der Zug abgeschlossen. Es handelt sich um den einzigen Zug, bei dem zwei Figuren auf einmal ziehen. Überquert der Turm dabei ein Feld (von **h1** nach **f1** bei Weiß, von **h8** nach **f8** bei Schwarz), wird von der *kurzen Rochade* gesprochen, überquert der Turm zwei Felder (von **a1** nach **d1** bei Weiß, von **a8** nach **d8** bei Schwarz), handelt es sich um die *lange Rochade*. Innerhalb einer Partie darf jede Seite maximal einmal rochieren. Achtung: Nach strengem Turnier-Reglement muss bei der Rochade zuerst der Königszug ausgeführt werden, in der Praxis wird dies jedoch kaum beachtet. Nur unter den folgenden Bedingungen kann man rochieren:

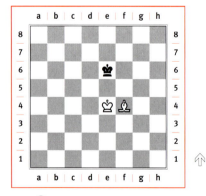

2. Geringes verbliebenes Material

3. Dreimalige Zugwiederholung
1. Df6–g5+; Kg8–h8 2. Dg5–f6+; Kh8–g8
3. Df6–g5…

1. Zwischen König und dem jeweiligen Turm dürfen keine anderen Figuren stehen, weder eigene noch fremde.
2. Wenn der König von einer gegnerischen Figur angegriffen wird, muss das Schachgebot zunächst auf andere Art abgewehrt werden. Als Reaktion auf das Schachgebot darf nicht rochiert werden.
3. Wenn eines der Felder, die der König während der Rochade überqueren muss, im Wirkungsbereich einer gegnerischen Figur liegt, darf nicht rochiert werden. Wird nur eines der Felder, die der Turm überqueren muss, von einer gegnerischen Figur bedroht, ist die Rochade erlaubt (vorausgesetzt, alle anderen Bedingungen sind erfüllt).
4. Weder der König noch der jeweilige Turm dürfen im bisherigen Verlauf der Partie gezogen haben. Es ist also nicht möglich, mit König oder Turm das Ursprungsfeld zu verlassen, zurückzukehren und dann zu rochieren.

Die Rochade ist ein sehr wichtiger Zug: Der König wird aus der für ihn gefährlichen Mitte entfernt, und gleichzeitig kann der Turm, der am Rand häufig ungünstig postiert ist, in den Kampf eingreifen.

5. Schachgebot

Wird der König von einer gegnerischen Figur angegriffen, dann ist das ein Schachgebot. Dieser Angriff muss im nächsten Zug abgewehrt werden. Dafür gibt es drei Möglichkeiten:
1. Der König weicht dem Schachgebot durch einen eigenen Zug aus.
2. Eine andere Figur zieht schützend vor den König.
3. Die gegnerische Figur, die Schach bietet, wird geschlagen.
Ist dies nicht möglich, handelt es sich um **Schachmatt**.

6. Schachmatt

Das Ziel einer Schachpartie ist es, den gegnerischen König matt zu setzen. Ein König ist schachmatt, wenn er von einer oder zwei gegnerischen Figuren angegriffen wird und es keine Möglichkeit gibt zu verhindern, dass der König im nächsten Zug geschlagen wird. Damit ist die Partie beendet, und die Seite, die den König matt gesetzt hat, hat gewonnen.

Häufig wird aber gerade unter guten Spielern eine Partie von der schwächeren Seite schon früher verloren gegeben, wenn dieser die Lage hoffnungslos erscheint. Man sagt dann, dass man die Partie *aufgibt*. Im Turnierschach bekommt der Sieger einer Partie einen Punkt gutgeschrieben, der Verlierer erhält null Punkte.

7. Schlagen einer gegnerischen Figur

Man schlägt eine gegnerische Figur, indem man die eigene Figur an deren Stelle setzt und die gegnerische Figur vom Brett entfernt. Damit ist der Zug beendet, und die andere Seite darf ziehen. Eigene Figuren dürfen niemals geschlagen werden. Mit Ausnahme des Bauern schlagen alle Figuren so, wie sie ziehen.

8. Zugrecht

Den ersten Zug einer Schachpartie hat immer die weiße Seite, gezogen wird abwechselnd. Wer am Zug ist, muss genau eine Figur bewegen (die einzige Ausnahme bildet die **Rochade**).
Auf das Zugrecht darf nicht freiwillig verzichtet werden. Der Zug muss ausgeführt werden, auch wenn er dann Nachteile mit sich bringt. Dieser Fall wird als **Zugzwang** bezeichnet (vergleiche aber den Unterschied zu **Patt**).

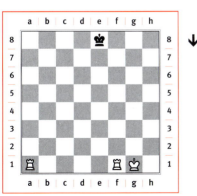

Nach der kurzen Rochade von Weiß

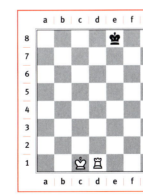

Nach der langen Rochade von Weiß

III. Glossar

Bauern- oder **Springergabel:** In beiden Fällen handelt es sich um einen Spezialfall des **Doppelangriffs**. Ein Bauer oder Springer greift gleichzeitig zwei gegnerische Figuren an.

Damenflügel: Der von Weiß aus betrachtete linke Teil des Schachbretts, also alle Felder, die sich auf den **Linien** a, b, und c befinden

Doppelangriff: Eine Figur greift gleichzeitig zwei gegnerische Figuren an.

Elozahl: Die Wertungszahl eines national oder international aktiven Spielers. Je höher die Zahl eines Spielers, desto stärker ist er. Die internationale Klasse beginnt bei Elo 2200, ein durchschnittlicher Großmeister rangiert zwischen 2500 und 2600, die Weltklasse bewegt sich um 2700 bis 2780.

Endspiel: Die letzte Phase einer Schachpartie, in der nur noch wenige Figuren auf dem Schachbrett verblieben sind

Entwicklung: Die Art und Weise, in der die Figuren in der **Eröffnung** herausgebracht werden

Entwicklungsvorsprung: Wenn eine Seite in der **Eröffnung** deutlich mehr Figuren im Spiel hat als die Gegenseite

Eröffnung: Die Anfangsphase einer Partie, etwa die ersten 15 Züge

Eröffnungstheorie: Die heute sehr weit verzweigten und ausgearbeiteten Untersuchungen über die besten Möglichkeiten, eine Partie zu eröffnen. Die moderne Eröffnungstheorie hat sich unter dem Einfluss von Computern und Internet in rasendem Tempo entwickelt und ist zu einer richtigen Wissenschaft geworden.

Fesselung: Wenn eine eigene Figur die Angriffslinie einer gegnerischen Figur unterbricht und dadurch eine eigene wertvolle Figur schützt, ist sie gefesselt. Würde die gefesselte Figur also ziehen, könnte der Gegner die hinter ihr stehende Figur schlagen. Ist hinter der gefesselten Figur der eigene König postiert, darf sie nach den Schachregeln gar nicht ziehen, man spricht dann von einer *absoluten Fesselung*.

Gambit: Wenn man während der Eröffnung einen oder mehrere Bauern opfert. Dies geschieht meist, um einen Vorsprung in der **Entwicklung** zu erzielen.

Großmeister: Nach **Weltmeister** der höchste Titel, der im Schach vergeben wird. Um ihn zu erlangen, muss ein Spieler auf mehreren internationalen Turnieren herausragende Leistungen erbringen, man nennt diese *Großmeisternormen*. Es kann nur einen Weltmeister, aber mehrere Großmeister geben.

Kombination: Zwei oder mehr Ideen werden zu einer Zugfolge verknüpft, die für den Gegner zwingend ist, ihm also keine Zugwahl lässt. Häufig ist eine Kombination mit einem **Opfer** verbunden, als Endziel wird jedoch zumeist der Gewinn von **Material** oder aber das direkte **Schachmatt** angestrebt.

Königsflügel: Der von Weiß aus betrachtete rechte Teil des Schachbretts, also alle Felder, die sich auf den **Linien** f, g und h befinden

Linie: Eine gerade vertikale Verbindung von oberem und unterem Brettrand. Insgesamt gibt es acht Linien (von a bis h), wobei jede Linie wiederum aus acht Feldern besteht.

Material: Die Figuren, nach ihrem Wert in Bauerneinheiten betrachtet. Es handelt sich bei dieser Umrechnung jedoch nur um eine Faustregel! Manchmal kann unter besonderen Umständen eine eigentlich »schwächere« Figur viel wichtiger sein als eine »stärkere«.
Dame = 9 Bauerneinheiten; Turm = 4,5 Bauerneinheiten; Läufer = 3 Bauerneinheiten; Springer = 3 Bauerneinheiten; Bauer = eine Bauerneinheit (logisch!). Der König ist unersetzlich, da ohne ihn das Spiel verloren ist. Büßt eine Seite eine oder mehrere Figuren ein, spricht man von *Materialverlust* (oder *Materialgewinn* für die andere Seite). Die Seite, die auf dem Brett insgesamt über mehr Bauerneinheiten verfügt, hat *materiellen Vorteil*. Das Material ist im Schach so etwas wie das Geld im wirklichen Leben: Es ist sehr wichtig, aber keineswegs alles! Zwar genügt oft schon ein Materialvorteil von einem einzigen Bauern, um die Partie zu gewinnen, umgekehrt gibt es aber auch Fälle, in denen eine Seite über einen riesigen materiellen Vorteil verfügt und trotzdem verliert.

Mattbilder: Typische Arten, den König matt zu setzen. Wenn man die grundlegenden Mattbilder kennt, kann man leichter eine entsprechende Möglich-

keit in der eigenen Partie finden.
Mittelspiel: Die Partiephase zwischen **Eröffnung** und **Endspiel**
Notation: Die Mitschrift einer Schachpartie, wobei die Züge mit Hilfe der Koordinaten dargestellt werden
Opfer: Eine Seite opfert **Material**, um dafür eine schnelle **Entwicklung** zu erreichen oder den gegnerischen König angreifen zu können. Häufig wird bei einem Opfer zunächst Material aufgegeben, um später das des Gegners zu gewinnen. Im Grunde handelt es sich dann einfach um ein gutes Geschäft.
Patt: Siehe **Wichtige Regeln: Remis oder Unentschieden**
Qualität: Der Wertunterschied zwischen Turm und Springer oder Läufer, also anderthalb Bauerneinheiten. Wenn eine Seite einen Turm erobert und dafür einen Springer oder Läufer einbüßt, so hat sie Qualität gewonnen.
Reihe: Eine gerade horizontale Verbindung von linkem und rechtem Brettrand. Insgesamt gibt es acht Reihen (von 1 bis 8), jede besteht wiederum aus acht Feldern (vergleiche **Linie**).
Spieß: Zwei Figuren befinden sich auf der Wirkungslinie (**Linie**, **Reihe** oder Diagonalen) einer Figur der gegnerischen Seite, von der sie angegriffen werden.
Strategie: Langfristige Planung
Taktik: Konkrete Kampfhandlungen im Bereich der nächsten Züge
Tschaturanga: Der Name des indischen Urschachs, der gleichzeitig auch das alte indische Heer bezeichnete. Eigentlich bedeutet Tschaturanga »das Viergeteilte«, da das indische Heer über vier Waffengattungen verfügte: Fußsoldaten, Reiterei, Kampfelefanten und Streitwagen.
Variante: Ein möglicher Partieverlauf in Form einer konkreten Abfolge von Zügen
Vorausberechnung: Der Spieler stellt sich während der Partie mögliche **Varianten** vor, um danach zu entscheiden, welchen Zug er machen wird.
Weltmeister: Der höchste Titel im Schach
Weltschachbund FIDE: Die weltweite Schachorganisation, der fast alle nationalen Schachverbände, so auch der Deutsche Schachbund, angehören. FIDE steht für **F**édération **I**nternationale **d**es **É**checs.
Zentrum: Die Mitte des Bretts, die strategisch besonders bedeutsam ist. Streng genommen besteht das *absolute Zentrum* aus den Feldern d4, e4, e5 und d5. Aber auch die angrenzenden Felder werden als Zentrum bezeichnet.
Zugrecht: Wer am Zug ist, besitzt das Zugrecht.
Zugzwang: Eine Situation, in der eine Seite einen Zug ausführen muss, obwohl das für sie nachteilig ist. Gerade im **Endspiel** stellt es oft ein sehr wichtiges Kampfmittel dar, den Gegner in Zugzwang zu bringen. Ebenso wie bei **Patt** handelt es sich um einen Begriff aus dem Schach, der in der Politik gerne und fast immer falsch verwendet wird.

IV. Lösungen der Rätsel

Rätsel 1

a2–a3 ist richtig.

Rätsel 2

Sieben Züge – das ist der kürzeste Weg. Es gibt auch nur die auf dem Diagramm gezeigte Möglichkeit, es in sieben Zügen zu schaffen.

Lösung Rätsel 2

Rätsel 3

Nur den schwarzen Bauern auf **b4**! Der schwarze Springer auf **c5** ist vom schwarzen König geschützt.

Rätsel 4

Der weiße Bauer auf **b2** hat vier Zugmöglichkeiten: Er dürfte den schwarzen Springer oder den schwarzen Turm schlagen, könnte aber auch ein oder (weil es sein erster Zug ist) zwei Felder nach vorn ziehen. Der weiße Bauer auf **h4** könnte momentan nur ein Feld nach vorn rücken. Auch der schwarze Bauer auf **f7** darf hier nur ein Feld weit ziehen. Den Doppelschritt verwehrt ihm der weiße Springer.

Rätsel 5

Der Läufer hat insgesamt sieben verschiedene Zugmöglichkeiten. Schlagen könnte er im nächsten Zug entweder den Bauern auf **a6** oder den Bauern auf **f5**. Den Bauern auf **f5** zu schlagen wäre

in einer Partie jedoch nicht sehr gut, denn als Antwort darauf könnte der schwarze Bauer auf **g6** den weißen Läufer nehmen.

Rätsel 6

Der schwarze Läufer könnte in seinem nächsten Zug von **a5** oder **g3** aus den weißen König angreifen, ihm also Schach bieten.

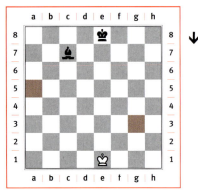

Lösung Rätsel 6

Rätsel 7

Der schwarze Springer in der Mitte auf **e4** hat acht verschiedene Zugmöglichkeiten, der schwarze Springer in der Ecke auf **h8** nur zwei. Gerade der Springer fühlt sich im Allgemeinen in der Mitte des Brettes wesentlich wohler.

Rätsel 8

Der weiße Springer könnte entweder den schwarzen Springer auf **c6** oder den Läufer auf **e6** schlagen. Ein Schachgebot würde sowohl der Springerzug nach **b5** als auch das Schlagen

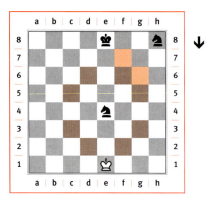

Lösung Rätsel 7
Mögliche Springerzüge

des Läufers auf **e6** bedeuten. Der beste Zug wäre das Schlagen des Läufers auf **e6**. Schlägt Weiß den Springer auf **c6**, könnte der schwarze König wiederum den weißen Springer nehmen, es wäre also nichts gewonnen, und Schwarz verbliebe mit dem Übergewicht von Läufer und Bauer.

Rätsel 9

Das war eine Fangfrage! Der Läufer bleibt immer auf seiner Farbe. Der Läufer, der über die schwarzen Felder zieht, kann also niemals ein weißes Feld betreten und deswegen auch niemals den schwarzen Bauern erobern, wenn dieser sich nicht vom Fleck rührt.

Rätsel 10

Noch eine Fangfrage! Der schwarze König wird in diesem Moment vom weißen Turm bedroht. Gegen diesen Angriff muss Schwarz etwas unternehmen! Will Schwarz also seinen Turm ziehen, muss dieser den weißen Turm schlagen. Das wäre übrigens auch eindeutig der beste Zug, da Schwarz so einen Turm gewinnt.

Rätsel 11

Die weiße Dame könnte alle fünf schwarzen Figuren schlagen und auf acht verschiedene Arten Schach bieten – ein gutes Beispiel für die ge-

Lösung Rätsel 12
Schwarz ist Schachmatt

waltige Kraft und Beweglichkeit der Schachkönigin! Der beste Zug wäre eindeutig, die ungeschützte schwarze Dame zu schlagen, da sie die wertvollste Beute darstellt. Aus einem Schachgebot könnte der schwarze König flüchten.

Rätsel 12

Es gibt insgesamt acht verschiedene Möglichkeiten, Schach zu bieten. **Ta7–g7** ist das einzige Schachmatt.

Rätsel 13

Der beste Zug ist **Sc3–d5+**. Der Springer bietet Schach und bedroht gleichzeitig die schwarze Dame, die nun verloren geht. Man nennt diesen taktischen Trick eine *Springergabel*.

Lösung Rätsel 13
Springergabel

V. Tipps zu den ersten eigenen Partien

Die Figurenentwicklung

1. Während der ersten zehn Züge ist es günstig, die Springer und Läufer auf strategisch gute Felder zu bringen, das heißt auf solche, von denen aus sie auf die Mitte wirken. So stehen die weißen Springer meistens auf **f3** und **c3** am besten, die schwarzen auf **f6** und **c6**.

2. Ist eine offene Linie entstanden, das heißt, sind keine eigenen Bauern mehr im Weg, fühlen sich die Türme wohl. Ein wichtiger Zug ist nun, nachdem sich Springer und Läufer entwickelt haben, die Rochade. Durch die Rochade wird nämlich auch der Turm in die Mitte geführt.

3. Mit Bauernzügen sollte man am Anfang sparsam umgehen. Sie dienen vor allem dazu, den anderen Figuren den Weg frei zu machen und die Mitte, das heißt das Zentrum, zu sichern.

4. Die Dame sollte als wertvollste Figur nicht zu früh in den Kampf eingreifen, denn sonst kann sie leicht von gegnerischen Figuren angegriffen werden.

5. Wichtig ist, dass alle Figuren gut zusammenarbeiten. Alleingänge einzelner Figuren führen gegen einen guten Gegner selten zum Erfolg.

Der Kampf um das Zentrum

1. Wer die Mitte beherrscht, beherrscht meist das ganze Brett. In einem der ersten beiden Züge sollte entweder der **e**- oder der **d**-Bauer zwei Schritte nach vorne gehen, um das Zentrum zu sichern.

2. Im weiteren Verlauf ist es günstig, auch den anderen der beiden Mittelbauern je nach Lage ein oder zwei Felder weit zu ziehen. So ist beispielsweise der Zug **1.e2–e4** für Weiß sehr zu empfehlen: Der Bauer besetzt das zentrale Feld **e4**, er könnte schwarze Figuren auf **d5** oder **f5** schlagen und macht den Weg für die Dame und den Läufer frei. Das Gleiche gilt natürlich auch für **1.e7–e5** auf der Seite von Schwarz.

Die Sicherheit des Königs

1. Dem König geht es für gewöhnlich nach der kurzen Rochade besonders gut. Hinter den drei vor ihm stehenden Schutzbauern ist er sicher. Der König muss gerade am Anfang der Partie vor dem Angriff gegnerischer Figuren geschützt werden.

2. Nach jedem gegnerischen Zug sollte man Folgendes prüfen: Sind eigene Figuren oder gar der eigene König in Gefahr? Kann man selbst gegnerische Steine bedrohen oder schlagen? Kann man vielleicht sogar den gegnerischen König attackieren?

3. Man sollte stets daran denken, dass ein Gewinn an Material zwar nicht alles ist, aber oft einen wichtigen Zwischenschritt auf dem Weg zum Schachmatt bedeutet.

Anhang | 79

Stefan Kindermann ist Internationaler Schachgroßmeister und gründete 2006 die für Westeuropa einzigartige Münchener Schachakademie (www.mucschach.de). Der Schachkolumnist der *Süddeutschen Zeitung* veröffentlichte bisher mehrere Bücher zu Spezialthemen des Spiels. *Schach!* ist sein erstes Kinderbuch, zu dem ihn seine mittlerweile sechsjährige Tochter Alina inspirierte.

Anne Franke ist Malerin und Grafikerin. Ihre Arbeiten waren bisher sowohl in Einzel- als auch in Gruppenausstellungen zu sehen. Anne Franke hat bereits mehrere Bücher, darunter auch ein Kinderbuch, illustriert.

Bibliografische Information Der Deutschen Bibliothek
Die Deutsche Bibliothek verzeichnet diese Publikation in der Deutschen Nationalbibliografie;
detaillierte bibliografische Daten sind im Internet über http://dnb.ddb.de abrufbar.

Deutsche Originalausgabe
Copyright © 2006 von dem Knesebeck GmbH & Co. Verlags KG, München
Ein Unternehmen der La Martinière Groupe

Gestaltungskonzept: Fabian Arnet
Layout und Covergestaltung: Gudrun Bürgin
Druck: Himmer, Augsburg
Printed in Germany

ISBN-13: 978-3-89660-366-1
ISBN-10: 3-89660-366-3

Alle Rechte, insbesondere das Recht der Vervielfältigung und Verbreitung, vorbehalten.
Kein Teil des Werkes darf in irgendeiner Form (durch Fotokopie, Mikrofilm oder ein anderes Verfahren)
ohne schriftliche Genehmigung des Verlags reproduziert oder unter Verwendung elektronischer
Systeme verarbeitet, vervielfältigt oder verbreitet werden.

www.knesebeck-verlag.de